인과시리즈 4

사람과 동물의
인과 이야기

사람과 동물의
인과 이야기

서문 성 엮음

●인쇄 | 2004년 9월 15일 ●발행 | 2004년 9월 25일 ●펴낸이 | 김영식 ●펴낸곳 | 도서출판 동남풍 570-754 전북 익산시 신용동 344-2 · TEL(063) 850-3324, 854-0784 · FAX (063) 852-0784 ●찍은곳 | 원광사 ●출판등록 | 1991. 5. 23 제66호

●값 7,000원   *잘못된 책은 바꿔 드립니다.

인과시리즈 3

사람과 동물의 인과 이야기

도서출판 동남풍

글머리에

  책을 엮고 글머리를 쓰려하니 어릴적 할머니의 '콩심은께 콩나제' 라는 말씀이 떠오른다.
  인과는 종교를 믿던 믿지않던 인과라 이름하던 이름하지 않던 만물에 있어서 지으면 받는 수례바퀴의 굴레를 떠날 수 없는 현실임에는 부정할수 없다.
  사람이 죽으면 어떻게 될까 죽음이 끝인가 아니면 말 그대로 다시 태어나는 길이 있는가 사람이 자기가 지은 업에따라 개나 소 등의 미물 곤충으로, 동물이 사람으로 정말 환생활 수도 있을까
  이미 정해진 업은 면할수 없다면, 어찌해야 되는가, 혹 다

른 방법은 없는가?

이러한 의문에 대한 조그마한 대답이 이 글에 담겨 있다고 본다.

그러면 인연, 인과란 무엇인가?

종자가(因) 연(緣)을 만나 결실(果)을 맺는다는 뜻이다.

지금 나의 마음가짐, 말, 행동 하나 하나가 모두 인이 되어 어떤 연을 만나게 되면 그에 상응하는 결과가 나타나게 된다. 그래서 마음씨, 말씨, 솜씨라 하는 것은 모든 것이 하나의 종자가 됨을 말한 것이다.

인(因)이란 지금은 작은 종자이지만 점점 자라나는 성질이 내포되어 있다.

연(緣)은 인이란 종자를 보존 성장시켜 선악고락의 결과를 맺게 해준다.

과(果)란 결실을 의미한다.

과는 인에 따라 맺어지는 결과를 말하지만, 결과인 동시에 새로운 변화를 이루려는 과인(果因)이 함장되어 있다.

인이 연을 만나므로 과를 맺고, 인에 의한 과는 연이 있었기에 과가 나올 수 있는 것이다.

 그러기에 소태산 대종사는 '우주의 진리는 원래 생멸이 없이 길이 돌고 도는지라, 가는 것이 곧 오는 것이 되고 오는 것이 가는 것이 되며, 주는 사람이 곧 받는 사람이 되고 받는 사람이 곧 주는 사람이 되나니, 이것이 만고에 변함없는 상도(常道)니라'고 했다.

 지금 우리가 만나는 모든 인연들이 어찌 우연이겠는가. 모든 것이 인연과(因緣果)의 진리에 의해서 맺어진 것이다.
 복중에는 인연복이 제일이라 했다.
 나는 어떤 인연복을 지었는가? 짓고 있는가? 지을 것인가!
 지금 내 앞에 있는 인연이 세상에서 가장 존귀한 인연이라는 말을 끝으로 글머리를 마무리한다.

인과시리즈 4
사람과 동물의 인과 이야기

업(業)은 따라 다닌다　13
꼬리에 꼬리를 무는 업보　17
꿩과 비둘기가 죽어서 사람이 되다　24
전생의 아내와 아들　29
소가 된 어머니를 천도한 성천 스님　32
탐욕의 업보　35
'게'도 보은을 한다　41
돌부처가 된 연이　48
은혜 갚은 갈가마귀　52
단명할 관상이 장수할 관상으로　57
한잔 술이 간음까지　60
뱀이 된 승려들　65

인과시리즈 4
사람과 동물의 인과 이야기

한산과 습득   71
열다섯 냥 때문에 뱀으로 태어난 노스님   77
벙어리 오남매의 사연   79
아버지의 후신인 소를 공원에   82
뱀이 된 홍도비구   88
양의 혀를 빼고 갚음을 받은 반과   92
다음 생의 몸뚱이   95
개(犬)로 태어난 어머니   100
구렁이의 보은   111
구렁이가 된 욕심장이   116
눈 속에 버린 아이를 개가 품어 살려   122
이 진사 청법공덕   126

인과시리즈 4
사람과 동물의 인과 이야기

왕수인과 왕양명 130
인색함의 결과 135
세 사람의 천사 140
소로 태어난 노파 143
가슴을 다쳐 죽은 아들 149
심만 대 맞을 팔자 154
한 달 동안 꿈만 꾼 여인 164
지옥에 떨어진 스승 169
살인죄보를 七년후에 175
수양부모 학대한 죄보 179
배휴와 배탁 182
전생모자(前生母子)의 만남 187

인과시리즈 4
사람과 동물의 인과 이야기

원수끼리 맺어진 부부 192
황희가 영의정에 오른 까닭 200
도살을 생업으로 하는 곽신호 204
윤웅열 대감과 명두 208
단장(斷腸)의 아픔 215
뿌린대로 거둔다 217
한 번도 사람이 죽지 않은 집 224

〈부록〉
佛說 三世因果 經(불설삼세인과경) 229

업(業)은 따라 다닌다

 명나라 가정 때 보은사 주지스님은 말 한 필을 길러 마을에 볼 일이 있을땐 그 말을 타고 오고가며 항상 법화경을 독송하였다.
 하루는 마을의 여인이 아이를 배었는데, 꿈에 큰 말이 방으로 들어오면서 "저는 보은사 주지스님이 기르시는 말인데, 인간으로 태어나서 불도를 구하고자 합니다"고 하였다.
 얼마 후 여인은 아들을 낳았다. 전일의 꿈이 하도 이상하여 사람을 보은사로 보내 알아 보았더니, 과연 아이를 낳던 그 날 그 시간에 주지스님이 타고 다니던 말이 죽었다.
 아이는 탈 없이 잘 자랐다. 여인은 주지 스님에게 꿈 이야기를 하고 아들을 출가시켜, 스님의 상좌를 삼았다. 그런데 몇 해를 두고 가르쳐도 상좌는 머리가 둔해서 도무지 공부가 늘지 않았다.

그래서 스님이 "네가 전생에 축생의 업보를 받아 익힌 것이 없어서 그렇구나. 그럼 전생에 많이 들은 법화경이나 익히도록 해보자"하고 법화경을 가르쳐 주었다. 그랬더니 상좌는 단 한 번 듣고 법화경 7권을 모두 환희 외워버렸다.

스님은 다음과 같은 법구경을 읊었다.

'방금 짜낸 소젖은 싱싱하듯
재에 묻힌 불씨는 그대로 있듯
지은 업은 당장은 안 나타나지만
그늘에 숨어 있어서 그를 따른다.'

그 뒤에 주지스님이 어떤 곳에 갔더니 한 스님이 호수가에서 법화경을 읽고 있는데, 개구리 한 마리가 경 읽는 소리를 조용히 듣고 있다가, 꿇어 앉아 머리를 숙이고 선정에 들어가더니 그대로 죽어버렸다.

당나라의 수아법사(修雅法師)는 말하기를
"이는 부처님의 뜻이요, 조사의 골수이며 내 마음의 경이다. 눈을 감고 명심하여 자세히 들어라. 제호의 맛이 좋아도 뱃속에 들어가면 곧 벌레다. 어찌 제호의 맛에 취하여 공부하지 않고 잠을 잘까보냐. 달관(達觀)하라" 하였다.

　같은 부모에게서 태어난 형제도 각기 특성이 있어 잘하는 것과 그렇지 못하는 것이 다르다. 이는 전생에 닦은바 습관이 다르기 때문이다.
　정산종사는 '선을 좋아하는 습관이 선근 종자가 되나니, 과거의 습관은 미래의 종자가 된다' 하였다.
　또 말하기를 '다시 태어나는 과정에서 잠깐 매할 수도 있으나 곧 본성이 자각되나니, 누구나 전생에 닦은 바는 오래지 아니하여 그대로 나타나므로 전생에 닦은 데까지는 수월하나니라' 고 했다.
　원불교에 다니는 할머니 교도 한 분이 매일같이 영어 단어를 열심히 외우고 있었다.
　사람들은 할머니의 나이가 많아 미국 여행도 하지 못할 것이고, 또 이제 영어를 배워 어디에 쓰려는지 의아한 생각이 들었다.

"할머니 영어 단어는 뭐 땜에 외우세요"

"지금 조금이라도 공부해야지. 그래야 다음 생에 영어를 잘할 것 아녀!"

꼬리에 꼬리를 무는 업보

 신라시대의 일이다. 강원도 철원 땅 보개산 기슭에 큰 배나무가 한 그루 있었다. 먹음직스런 배가 가지가 휘도록 열린 어느 해 여름날이었다.
 까마귀 한 마리가 배나무에 앉아 짝을 찾는 듯 '까악 까악' 울어댔다. 배나무 아래에는 포식을 한 독사 한 마리가 풀 속에서 매미, 산새소리를 들으며 여름을 즐기고 있었다.
 이때 까마귀가 다른 나무로 날아가려고 나래를 쭉 펴고 바람을 일으켰다. 그 바람에 주렁주렁 달린 배 한 개가 독사의 머리에 툭 떨어졌다. 느닷없이 날벼락을 맞은 뱀은 화가 머리 끝까지 났다. 독기가 오른 뱀은 머리를 하늘로 쑥 뽑아 사력을 다해 독을 뿜어냈다. 독기는 까마귀의 살 속을 파고들었고, 순간 까마귀는 힘이 쑥 빠지면서 온몸이 굳어짐을 느꼈다.

"내가 일부러 배를 떨군 것이 아닌데 저 놈의 뱀이 독기를 뿜어대는구나."

까마귀는 더 이상 날지 못하고 땅으로 떨어지면서 죽고 말았다. 뱀도 마찬가지였다. 너무 세게 얻어 맞은데다 독을 다 뿜어 죽어버렸다. 까마귀와 뱀은 죽어서까지도 원한이 풀리질 않았다.

뱀은 죽어서 우직한 멧돼지가 됐고 까마귀는 암꿩으로 변했다. 멧돼지는 먹이를 찾아 이산 저 산을 헤매고 다녔다.

그러던 어느 날, 마침 알을 품고 있던 암꿩의 모습이 멧돼지 눈에 들어왔다.

"음 전생에 나를 죽게 한 원수 놈이로구나. 저놈을 당장 죽여야지."

멧돼지는 살며시 등성이로 올라가 발 밑에 있는 큰돌을 힘껏 굴렸다.

암꿩은 미처 피할 겨를도 없이 그 자리에서 숨졌다. 그렇게 찾아 헤매던 까마귀를 죽인 멧돼지는 속이 후련했다.

이때 사냥꾼이 그곳을 지나다 죽은 꿩을 발견했다. 죽은지 얼마 안된 꿩을 주운 사냥꾼은 기뻐 어쩔 줄 몰라하며 단걸음에 오막살이 집으로 내려갔다.

"여보, 오늘 내가 횡재를 했오."

"어머나, 이거 암꿩이잖아요. 어떻게 잡으셨어요?"

"아 글쎄, 골짜기 바위 밑을 지나다 보니 이놈이 알을 품고 있는 것이 보이지 않겠수. 그래 돌을 집어 살금살금 다가가서 내리쳤지. 하하."

내외는 그날 저녁 꿩을 잡아 실컷 먹었다. 그런데 기이한 일이 생겼다. 결혼 후 태기가 없던 사냥꾼 아내가 임신을 해, 10달 후 예쁜 옥동자를 분만했다. 두 내외는 정성을 다해 아들을 키웠다. 이윽고 아들은 씩씩한 소년이 되어 아버지를 따라 다니며 활쏘기를 익혔다.

사냥꾼은 아들이 훌륭한 사냥꾼이 되길 바랬다.

"자 이번엔 네가 쏴봐라."

"뭔데요. 아버지?"

"저기 저 소나무 아래 꿩 말야."

"꿩요? 난 꿩은 안 쏠래요."

"아니 왜?"

"왠지 저도 모르겠어요. 전 멧돼지만 잡고 싶어요."

"거참 이상하구나. 넌 왜 멧돼지 말만하면 마치 원수처럼 여기는지 모르겠구나."

"괜히 그래요. 멧돼지는 전부 죽이고 싶으니까요."

"넌 아직 멧돼지를 잡기엔 어리다."

사냥꾼은 아들의 기개가 신통하다고 여기면서도 넌지시 일렀다.

그로부터 며칠 후, 사냥꾼 부자는 온종일 산을 헤매었으나 한 마리도 못잡고 터덜터덜 무거운 발음으로 집으로 향하고 있었다.

그때 아들이 갑자기 외쳤다.

"아버지 저기 멧돼지가 달려가요."

"어디?"

사냥꾼이 정신이 번쩍 드는 듯 아들이 가리키는 곳을 바라보는 순간 아들이 벌써 활시위를 당기고 있었다.

화살은 멧돼지 머리에 정통으로 맞았다. 멧돼지가 죽은 것을 확인한 아들은 기뻐 날뛰며 소리쳤다.

"음 저 녀석이 왜 멧돼지만 보면 정신없이 구는지 모르겠군."

아버지는 혼잣말로 뇌이며 아들의 거동을 유심히 살폈다.

아들은 장성할수록 더욱 멧돼지를 증오했다. 세월이 흘러 사냥꾼은 사냥도구를 아들에게 물려주고 세상을 떠났다. 청년기를 지나 중년에 이른 아들은 아버지 뒤를 이어 여전히 사냥을 계속했다.

어느 날 보개산으로 사냥을 나간 아들은 그 날 따라 일찍이 볼 수 없었던 이상한 멧돼지를 발견했다. 그 멧돼지는 우람할 뿐 아니라 온몸에서 금빛이 환하게 빛나고 있었다.

"이상한 놈이구나, 저놈을 단번에 잡아야지."

그는 힘껏 시위를 당겼다. 화살은 적중했다. 그러나 금멧돼지는 피를 흘리면서도 여유있게 환희봉을 향해 치닫는 것이 아닌가. 그는 멧돼지가 숨어 있는 곳까지 단숨에 달려갔다. 그러나 이상한 일이었다.

금멧돼지는 간곳이 없고 돼지가 숨어 있을만한 자리에는 지장보살 석상이 샘 속에 몸을 담그고 머리만 물 밖으로 내밀고 있었다.

"아니 이건 내가 쏜 화살이 아냐?"

지장보살 석상의 어깨엔 그가 쏜 화살이 의연히 꽂혀 있었다.

'이 석불이 멧돼지로 화신한 것일까.'

그는 묘한 광경에 고개를 갸우뚱 거릴 뿐이었다. 까마귀와 뱀의 인과가 반복되는 것을 막기 위해 부처님께서 멧돼지로 화신하여 화살을 맞은 까닭을 알 리가 없었다.

그는 물 속에 잠긴 작은 석상을 꺼내려 안간힘을 썼으나 석상은 보기보다 의외로 무거워 끄떡도 안했다. 날이 저물어 그는 집으로 돌아왔다.

이튿날 그 자리를 다시 찾은 사냥꾼은 또 한번 기겁을 하며 놀랐다. 어제 분명히 샘 속에 잠겼던 석불이 어느새 물 밖으로 나와 미소를 짓고 있지 않는가! 그는 한참을 물끄러미 섰다가, 무언가를 알았다는 듯 조용히 석불 앞에 합장을 했다.

"부처님이시여! 어리석은 중생을 제도키 위해 보이신 뜻을 받들어 곧 출가하여 도를 닦겠습니다."

그는 곧 출가하여 3백여 무리를 동원해서 절을 짓고 석불을 모셨다. 그리고는 숲속에 돌을 쌓고 그 위에 앉아 정진하여 높은 도력을 얻었다.

이 절이 신라시대 이순석이란 사냥꾼이 지었다는 석대암(石臺庵)이다.

이 절의 주불 지장보살은 석자 쯤의 키에 왼손에는 구슬을 들고 있으며 왼쪽 어깨에는 사냥꾼의 화살이 박혔던 자리라고 알려진 한 치 가량의 흔적이 뚜렷이 남아있다.

소태산 대종사의 한 제자가 어떤 사람에게 봉변을 당하고 분을 이기지 못하고 있었다.

이를 본 대종사는 "네가 갚을 차례에 참아 버리라. 그러면 그 업이 쉬어 지려니와 네가 지금 갚고보면 저 사람이 다시 갚을 것이요. 이와 같이 서로 갚기를 쉬지 아니하면 그 상극의 업이 끊일 날이 없으리라" 고 했다.

남이 지은 죄와 복을 내가 대신 받을 수도 없고, 내가 지은 죄복을 남이 대신 받아갈 수 없는 것이 인과의 이치다.

그 업에서 벗어나고자 한다면 갚을 자리에 참아버리는 방법 외에 또 다른 길이 있을까?

꿩과 비둘기가 죽어서 사람이 되다

옛날 인도에 구마라존자라는 선승이 있었다. 일찍이 옥옥산에서 수도하며 학인을 20여 명이나 모아놓고 매일 경을 강의하고 법을 설하였다.

하루는 열반경을 강의하는데 꿩 한 마리가 날아와 법상 밑에 앉아 법문을 들었다. 학인들이 신기하게 여겨 잡으려 하는지라 스님께서 만류하면서 "축생도 불성으로 본다면 무엇이 다르랴. 잠깐 동안이라도 부처님 말씀과 인연을 맺으면 그 인연으로 내세에는 꿩의 몸을 벗고 사람의 보를 받을 것이다" 하였다. 그랬더니 꿩은 법문을 다 듣고 다시 산으로 날아갔다.

그 후 4년, 구마라존자가 학인들을 데리고 월주 성내에 나아가 세상 사람들을 지도하다가 한 여자아이가 문 앞에서 노는 것을 보고, "옛날 너희들과 같이 열반경 법문을 듣던

꿩이 여기 와서 사람으로 태어났구나" 하시며, 그 아이를 향해 "꿩아"하고 불렀다.

아이가 부르는 소리를 듣고 곧 달려와 스님에게 절하니 그의 어머니가 듣고 이상히 여기면서, "스님께서는 어찌하여 저의 딸을 꿩이라 부르십니까?"하고 물었다. 구마라존자는 전후 이야기를 상세히 설명해 주며, "이 애는 꿩이 인도 환생한 까닭이다"고 하였다.

어머니는 신기한 듯, "아닌게 아니라 이 애가 처음 날 때 등에 꿩의 털이 세 개 나 있어 이상히 생각하였습니다. 그래서 이름을 치계라고 지었습니다"고 하였다.

치계는 이 말을 듣고, "어머니! 저는 스님을 따라가 공부하여 다시는 생사에 유전하지 않으려 합니다. 허락하여 주십시오"하였다.

어머니가 즐겨 허락하니, 그는 곧 구마라존자에게 출가하여 십팔년 만에 대도를 얻고 공중으로 날아가면서 다음과 같은 시를 지었다.

'옥옥산 위에 몸을 묻어 살다가
법상 밑에 날아와 불법을 듣고

십팔년 전 몸에 털 난 짐승이
경소리 듣고 사람되어 축생보를 벗었네.
이제 스님 지도로 서방에 나고자
인간으로 태어나 정각 이루었네
사람되어도 믿지 않으면 헛수고만 하리라.'

〈열반경〉에 있는 이야기이다. 비둘기가 죽어서 사람으로 환생한 이야기와 유사한 내용이 〈금강경 영험록〉에도 실려 있다.

당나라 정관 말 명도(明道)라는 스님이 있었다.
그는 자비심이 많아서 항상 중생제도를 게을리 하지 않으면서도 금강경을 즐겨 읽었다.
하루는 어미를 잃은 비둘기 새끼 두 마리가 집 안으로 들어오는지라 스님은 잡아 부드러운 둥우리에 넣어 놓고 죽을 쑤어 먹여 길렀다. 그런데 비둘기는 스님이 경을 읽을때는 지저귀는 소리도 그치고 가만히 독경 소리만을 듣고 있었다.

갸륵하게 여긴 스님은, "어서 빨리 날개가 나서 자유스럽게 나는 법을 배워라" 하였다.

그런데 얼마 있다가 비둘기들이 하늘로 날아가려다 그만 땅에 떨어져 죽었다. 불쌍히 여긴 스님은 땅에 묻고 경을 읽어 주었다.

하루는 스님의 꿈에 어린 아이들이 들어와서, "저희들은 옛날 스님께서 길러주신 비둘기입니다. 스님께서 경을 읽어주신 공덕으로 인도 환생하여 여기서부터 동쪽으로 십리쯤 떨어진 모씨 집에 태어났습니다" 하고 사라졌다.

스님은 꿈이 너무도 역력하여 수년 후에 그 집을 찾아가 보았더니 과연 쌍둥이가 있었는데 이름을 합아(兒)라 불렀다.

이유를 물은 즉, "비둘기 두 마리가 품안으로 들어온 꿈을 꾸고 이 아이들을 낳았기 때문입니다" 하였다.

그런데 이 아이들은 스님을 보자마자 보통으로 따르는 것이 아니었다.

꿩과 비둘기가 부처님 경 읽는 소리를 잘 받들어 그 인연으로 인도 환생한 이야기다.

사람으로 태어났으나 전생의 습관으로 스님이 부르는 소리에 달려와 잘 따른 것이다.

정산종사는 '복중에 제일 복은 인연 복이요, 인연 중에는 부처님 인연이 제일이다'고 하였다. 사람으로 태어나기도 어렵지만 불법 만나기 또한 어렵다.

육도 중 사람으로 태어나 불법을 만난 것이 얼마나 큰 복인지 아는 자는 결코 게을러지지 않으리라.

전생의 아내와 아들

옛날에 젊은 부부가 아들 하나를 두고 단란하게 살았다.

어느 날 남편이 산중에 들어가 수행을 하겠다며 출가를 밝혔다. 이에 아들은 가지 못하도록 붙잡았고, 아내는 걱정 말고 수도에 전념하여 큰 도인이 되라고 빌어 주었다.

그렇게 오랜 세월이 흘러 남편은 큰 도인이 되었다. 어느 날, 도인이 제자들과 함께 길을 가는데 까마귀가 '까악~ 까악~' 울어댔다. 그러자 도인이 까마귀 소리를 듣고는 슬픈 기색을 했다.

제자들이 그 까닭을 물었다.

"저 까마귀의 전생은 내 아들이었다. 나의 출가를 방해한 과보로 까마귀 몸을 받은 것이다."

다시 길을 가다가 꽃가마를 탄 왕비의 행렬을 보더니 크게 기뻐했다. 제자들이 궁금해서 또 그 까닭을 물었다.

"저 왕비는 전생에 나의 아내였다. 나의 출가를 즐겁게 찬성하고 후원해 준 공덕으로 왕비의 몸을 받은 것이다."

소태산 대종사가 제자 최수인화에게 '인과의 이치란 소소영령하고 명명백백한 것이다' 라고 말할 때의 예화이다.

대종사는 '선인선과 악인악과의 이치가 소소영령한 것이다. 수인화도 인과의 이치를 무섭게 알아서 언제나 모든 사람들의 발심수행을 권장하고 후원하면 큰 공덕이 쌓이게 된다' 라고 하였다.

수도의 길은 참으로 거룩한 일이다. 이는 곧 성인의 길을 가는 것이기 때문이다.

그러기에 불경에서는 부처님에게 시주한 공덕을 으뜸으로 치고 있지 않은가!

수도자의 길을 축복한 사람은 낙도를 누리고, 반대로 수도의 길을 방해한 사람은 그에 상응하는 과보를 받는다.

길을 가다 수도자를 만나면 마음속으로 도 이루기를 축원하라. 그 조그만 축원의 마음이 한량없는 복덕을 가져오리라.

소가 된 어머니를 천도한 성천 스님

　명나라 성천 스님의 호는 낭연(朗然)이었다.
　오성 사람으로 일찍이 보타사에 들어가 출가하여 불법을 배워서 익혔다.
　어느 날 조용히 앉아서 관조해 보니 돌아가신 어머니가 인도수생을 못하고 축생보를 받아 고통을 당하고 있었다. 그는 태창(泰昌) 경신년에 남해로 가서 훌륭한 법사를 청해 법화경을 독송하니, 우연히 부근에 있던 힘이 센 큰 소가 갑자기 죽었다.
　그날 밤 스님의 꿈에 어머니가 나타났다.
　"나는 옛날 업이 무거워 아무개네 집 소가 되었는데, 오늘 네가 법화경을 독송해 준 공덕으로 소의 몸을 면했다"하고, 절을 하면서 참회하였다.
　성천 스님이 몹시 측은하여, 다시 부처님 앞에 나아가 어머니의 인도환생을 기도했다.

그날 밤 꿈에 어머니가 또 나타나서, "나는 네가 경 읽고 예참한 힘을 얻어 동쪽 마을 아무개네 집에 태어나게 되었으니 그리 알아라"고 하였다.

스님이 이 말을 명심했다가 이듬해 그 집을 찾아가 보니, 과연 정씨 집에서 아들을 낳았는데, 서로 보고 놀란 표정을 할 뿐이었다.

스님은 절로 돌아가 곧 도랑을 깨끗이 치우고 몸에서 피를 내어 법화경 일곱 권을 다 써 마치고, 진흙으로 연잎을 만들어 벽에 붙이니, 모든 상이 보타(普陀)에 절을 하는 모습을 했다. 이에 보는 사람마다 환희심을 일으켜 발심하지 않는 이가 없었다.

수많은 생을 윤회하면서 우리의 부모님은 몇이나 될까?

세상에서 가장 소중한 인연이 부모와 자식의 인연이다. 부모는 자식을 위해서 자신의 목숨까지도 기꺼이 희생한다. 그러나 자식이 부모를 위해서 희생하는 경우는 드물다. 그래서 동양에서는 '효'를 중히 여겼는지 모른다.

  부모를 봉양하는 데에는 물질적 봉양도 중요하지만, 영생의 앞길을 열어주는 정법에 인연을 맺게 해주는 것이 가장 큰 봉양일 것이다.

  그래서 부처님 말씀을 전해주고, 또 부모님의 이름으로 사경을 하다보면 은연중 그것이 영가에게 미쳐 낙도 수생의 기연이 되는 것이다.

  지금 당신이 혹 아닌 길을 걸을 때, 그것을 제지하고 바른 길로 인도해 줄 혜명의 등불같은 인연이 주위에 있는지 돌아보라!

탐욕의 업보

　옛날 금강산 발연사에 여러 스님이 살고 있었는데 그 가운데 젊은 비구승 계인(戒人)과 지상(知相)은 도반으로서 정다운 사이였다.
　어느 때에 지상이 남쪽에서 온 어떤 스님으로부터 모감주로 만든 목에 거는 백팔염주 한 벌을 선물로 받아 가졌다.
　이 모감주는 굵지도 가늘지도 않은 중간치로서 새까맣게 생긴 것인데 윤이 나서 반들반들한 것이라 누구든지 탐을 내어 갖고싶어 하였다. 지상은 그것을 애지중지 아끼고 자나깨나 목에 걸고 벗어 놓지를 아니하였다.
　계인도 이 염주를 몹시 탐내어 가지고 싶은 마음이 났다. 어느 해 봄날, 계인은 지상에게 절 뒷산으로 소풍이나 가자고 권하여 천길만길이나 되는 험준한 산봉우리에 앉아서 놀게 되었다.

이때 계인은 지상을 바라보면서 말을 했다.

"자네 그 염주 좀 구경하세."

"밤낮 보던 염주인데 왜 여기 와서 새삼스럽게 보자고 하는가?"

"공연히 보고 싶어서 그러네."

"그러면 잠깐만 보고 다시 돌려주게나."

지상은 목에 걸었던 염주를 벗어 계인에게 주었다.

"참 곱게 생긴 염주야! 이것을 나에게 줄 수 없겠는가?"

"농담 말게, 내가 그것을 생명같이 아끼는 것인데 자네를 주겠나! 다른 것은 줄지언정 염주만은 줄 수가 없네."

"정말 줄 수가 없어?"

계인은 고함을 치더니, 별안간 지상을 발길로 차서 천길 만길 되는 낭떠러지로 떨어뜨리고는 혼자 염주를 가지고 절로 내려왔다. 그러나 혹시 죄가 탄로 날까 두려워서 바랑을 짊어지고 절을 떠나고 말았다.

한편 지상은 절벽에 떠밀리는 순간 '악!' 소리를 지르며 떨어졌다. 그러나 불행 중 다행으로 바위 틈에서 자라난 큰 측백나무 가지에 대롱대롱 매달려 생명만은 잃지 않았던 것이다. 그가 정신을 차려서 살펴보니 위 아래가 천길만길 절벽으로 혼자 힘으로는 도저히 벗어날 수가 없었다.

그는 죽으나 사나 '관세음보살'을 부를 수밖에 없다고 생각하고, 지성으로 관세음보살을 생각하고 불렀다. 그런데 비몽사몽간에 웬 노장 한 분이 나타나더니, "여보, 젊은 대사가 염주 한 벌의 애착 때문에 욕을 보게 되었구려. 탐착이란 그렇게 무서운 것입니다. 나는 발연사에 있던 화주승이었는데 시주 돈을 거두어서 절을 다시 중창하려 했소. 그런데 그 돈들이 공금임에도 없어지는게 아까워서 다락 속에 감춰 놓고 차일피일 불사를 미루어 오다가 신벌(神罰)을 받아서 큰 구렁이가 되어 이 낭떠러지 밑에 살고 있소."

또 그는 "내가 대사를 구해 줄테니 절에 돌아가거든 내가 하지 못한 불사를 이룩해 주시기 바라오.

그리하면 스님도 좋고 나도 좋지 않겠소. 내가 구렁이 몸으로 기어 올라가니 대사는 내 등을 타고 꼭 붙잡고 놓지마시오. 그리고 내가 부탁한 것은 꼭 잊지 말고 시행하여 주시기 바라오"라고 당부했다.

꿈에서 깨어난 지상이 이상히 여겨 낭떠러지 밑을 내려다

보니 대들보만한 먹구렁이 한 마리가 기어 올라오고 있었다. 그리고 가까이 다가온 먹구렁이는 나뭇가지 사이로 등을 들이대며 타라는 시늉을 했다.

지상은 꿈을 상기하면서 구렁이의 등에 올라탔다. 구렁이는 꼬리로 지상의 몸을 감싸고는 슬금슬금 낭떠러지를 기어올라, 산봉우리 위 평지에 내려놓았다.

지상은 구렁이에게 절을 하고, 약속을 지키겠다고 맹세한 후 구렁이와 작별인사를 나누었다.

"감사한 마음 그지 없소이다. 스님의 소원을 내 몸이 부서지더라도 시행하리다."

절에 돌아온 지상이 공루(公樓)에 올라가서 채독을 열어보니 시주의 방함록과 함께 엽전 수백냥이 노끈에 꿰어져 구렁이처럼 엉겨 있었다.

지상은 대중에게 공포하고 이 돈을 꺼내어 발연사를 중건 중수 하고 낙성 회향재를 올리었다. 또 구렁이 스님을 위해 지장기도까지 올려서 천도하였다. 그랬더니 구렁이는 다시 꿈에 본 노장 스님의 모습으로 나타나 지상에게 치하하고, "스님의 덕택으로 구렁이 몸을 벗고 천상으로 올라간다"고 하였다.

 계인이 멀리서 이 소문을 듣고 지상을 찾아와 염주를 돌려주며 지난 일을 참회하고 사죄하였다. 이 때 진상은 "이 염주 때문에 서로 본의 아닌 죄를 지은 것이오"라고 말하며 염주를 불에 태워버렸다.

 이후 이들은 '중은 절대로 고귀한 물건을 가질 것이 아닐 뿐만 아니라, 애착이나 탐욕을 낼 것이 아님을 서로 다짐' 하고, 더욱 분발하여 용맹정진한 끝에 큰 고승이 되었다.

 탐하는 마음, 화내는 마음, 어리석은 마음, 이 세 가지를 일러 삼독심이라고 한다.

 이중에서 먼저 욕심 생기는 장벽이 탐이다. 이 욕심이 한번 가로막으면 부모도 모르고, 형제도 모르고, 이웃도 모르고, 예의도 알지 못한다. 이 욕심이 한번 막아서면 눈에 보이는 것이 없게 되고, 남의 이야기도 들리지 않게 된다. 욕심뿐만 아니라, 화내는 마음 어리석은 마음도 마찬가지다.

부처님 당시에 도둑이 날뛰고 질병이 번져 백성들의 생활이 곤란하게 되자 파유리왕이 부처님께 괴로운 환란에서 벗어날 길을 물었다. 부처님은 '나무로 깎은 여덟 알을 하나의 염주로 만들어 항상 지니고 다니면서 지극한 마음으로 염불을 하면 고통이 없어지고 마침내 높은 진리를 얻게 될 것'이라 했다.

근심과 괴로움을 없애주는 도구가 염주이거늘 계인은 염주에 대한 욕심 때문에 도반인 지상을 낭떨어지로 밀쳤으니…. 두렵고 두렵다 욕심의 늪이여!

'게'도 보은을 한다

일본 해만사라는 절 안에는 무수한 게 그림이 걸려있다.

옛적, 해만사가 생겨나기 전에 그곳에는 대단히 인자한 농부의 집이 하나 있었다. 아버지와 어머니, 아홉 살 먹은 딸과 머슴, 네 사람은 불교를 믿고 매일 아침 저녁으로 염불과 경전을 배우면서 평화스럽게 지냈다.

그런데 하루는 그 딸인 '정자'가 어머니 부탁으로 산 넘어 숙부 집에 심부름을 갔다가 오는 길에 같은 동리에 사는 '삼길'이라는 나쁜 아이를 만나게 되었다.

그런데 삼길은 조그마한 게 한 마리를 실로 싸매서 끌고 다니며 괴롭히고 있었다.

인정이 많은 정자는 그것을 본즉 불쌍한 생각이 나서 "아아! 불쌍하게도 어린 게를 잡아서 괴롭게 하는구나. 삼길은 참 나쁜 아이다"라고 중얼거리며, "어린 게가 불쌍하니 그만 풀어주라"고 하였다. 그러나 삼길은 "왜 나는 애써서 논바닥에 가서 잡았는데 버려. 이렇게 가지고 놀다가 집에 가면 구워 먹으련다"고 대답했다.

정자는 걱정이 되어 "그러면 우리 아버지에게 얻은 돈 1전을 줄께. 그 게를 나에게 팔라" 고 애원했다. 돈 1전이 욕심난 삼길은 게를 정자에게 넘겨주고 돈을 가진 후 "정자야 너는 참 어리석은 계집애다. 이 돈을 가지면 게 보다도 맛있는 과자를 사 먹을 수가 있는데"라며 달아났다.

정자는 게를 손바닥에 올려놓고 "너는 냇물 깊이 들어가서 놀지 않고 왜 나왔다가 나쁜 아이에게 잡혔더냐. 하마터면 너는 구워 먹힐 뻔하였으니 이 다음엔 조심하라"며 냇물가에 가서 실을 풀고 놓아주었다.

그날 밤, 정자는 불전에 예배를 드린 후 아버지에게 돈 1전으로 삼길의 게를 사서 냇물에 넣어준 이야기를 하였다.

아버지는 대단히 좋아하며 "참 잘 하였다. 부처님께서도 기뻐하시리라. 예전 부처님은 비둘기 새끼를 구하기 위하여 당신의 다리 살점을 배어서 독수리에게 주신 일도 있었단다. 너는 과자 사먹을 돈을 가지고 그 게를 살렸으니, 얼마나 아름다운 일이냐"며 칭찬을 하였다.

그 후 2,3일 지나, 아버지는 밭에 나가서 일을 하고 석양에 돌아오는데 밭고랑에서 '깩~깩~' 하는 소리가 났다. 무엇인가 하고 다가가보니 큰 구렁이란 놈이 개구리 다리를 물고선 잡아먹으려 하고 있었다. 그것을 본 아버지는 구렁이를 향하여 "불쌍한 개구리를 놓아주라"고 소리를 질렀으나, 구렁이는 들은 채도 않고 개구리 다리를 문 채 요동하였다.

아버지는 그만 흙덩이를 집어던지며 "이놈의 구렁이야, 그 불쌍한 생물을 잡아먹으려 하느냐. 그만 놓아 주라. 만약 네가 개구리를 놓아주면 나는 너에게 나의 딸을 주겠다"고 말했다. 그러자 구렁이는 개구리를 놓고선, 약속을 꼭 지키라는 듯이 한번 쳐다본 후 논둑 구멍속으로 들어갔다.

집에 돌아온 아버지는 저녁을 먹으며 오늘 있었던 일을 이야기를 했다.

"정자야! 오늘 밭에서 일을 하고 오는 길에 큰 구렁이가 개구리를 잡아먹으려 하기에 그 개구리만 살려주면 뱀을 나의 사위 삼겠다고 하였더니 개구리를 놓아주고 구멍으로 들어가더라."

이에 딸은 놀라며 말했다.

"아버지! 그 구렁이가 저를 데리러 오면 어찌 합니까"

그러자 아버지는 딸을 위로했다.

"걱정할 것 없다. 너는 사람이고, 저는 구렁인데 어떻게 제가 올 것이냐. 불쌍한 개구리를 살려주었으니, 부처님께서도 보호하여 주실 것이다."

그리고 이튿날 한밤중, 누가 문을 두드리는지라 머슴이 문틈으로 내다보고 "누구냐" 한즉, "나는 전일, 이 집주인으로부터 딸을 주겠다는 약속을 받았다. 그래서 지금 그 딸을 데리러 왔으니 그대로 전하라"고 했다. 머슴이 이를 전하자, 정자의 아버지는 벌벌 떨며 "3일만 참아주면 그 동안 준비하겠다"고 다시 약속을 했다.

이 후, 온 가족이 어쩔 줄을 몰라 떨고 있는데, 정자는 무슨 각오가 있는 듯 "저를 출가시키는 셈 치고, 회목으로 급히 방 한 칸을 지어달라"고 한다. 그래서 급히 뒤안에 회목으로 방을 지었다. 그날 저녁, 정자는 새 옷을 갈아입고 방으로 들어가서 문을 걸어 잠그고는 책상 위에 초와 향을 피운 후 간절하게 '나무대자대비 관세음보살'을 불렀다.

때가 되자, 구렁이가 문을 두드렸다. 이에 모든 가족들이 두려움에 떨며 염불만 하고 있는데, 화가 난 구렁이가 대문을 박차고 들어오더니 쏜살같이 뒤안 방으로 달려갔다. 그리고 문을 열려고 해도 열리지 않자, 구렁이는 그 방을 둘러 감고 독기를 뿜으며 정자를 녹여 죽이려 하였다.

그렇게 시간이 흘러 한밤중이 되자 갑자기 뒷안에서 벼락치는 소리가 나고, 마침내 정자의 염불소리도 끊겼다. 이에 가족들은 모두 정자가 죽은 줄로 알고 슬픔에 젖었다. 그런데 날이 밝아오면서 다시 정자의 낭랑한 염불 소리가 들려오는 것이 아닌가!

가족들이 급히 정자가 있는 방으로 쫓아가 본 즉 큰 구렁이가 정자가 있는 방을 감싸고 죽었는데, 그 밑에는 여러 천만 마리의 게가 붙어서 물고 꼬집고 하다가 깔려 죽어 있었다.

가족들은 정자에게 문을 열라고 하여 물었다.

"간밤에 얼마나 놀래었느냐."

그러자 정자는 예사롭게 대답했다.

"염불을 하다가 어머니가 들어와 같이 자자고 하여 한 숨을 자고 일어났더니 날이 새었어요."

부모는 이 모든 것이 신기하여 절에서 스님을 모셔다가 게떼를 장사지내고, 구렁이도 장사를 지내주었다. 그 후, 근처에 절을 세우고 희생한 게 보살을 천도 기원하며, 절 이름을 해만사라 하였다.

이것은 반드시 관세음보살께서 정자를 보살펴 주신 것이오. 그리고 정자가 살려준 게들이 은혜를 보답하기 위해 몰려와서 구렁이를 죽인 것이다.

정자의 아버지가 미물이라고 무심코 뱉은 말 한마디가 씨가 되어 큰 시련으로 다가왔다.

하물며 만물의 영장인 인간, 더 나아가 진리 전에 올린 거짓 맹세는 자칫 스스로의 일생에 큰짐이 될 수 있다. 따라서 지금의 상황이 위급하다 하여 말을 함부로 뱉어서는 안된다는 교훈이다.

세 치 혀가 천하를 지배한다는 말이 있다. 아무 생각없이 뱉은 말이 상대방에 따라서 날선 도끼가 되어 가슴에 꽂히기도 하고, 새 힘을 얻는 요술방망이가 되기도 한다. 말 한마디에 죄와 복이 왕래하니 한마디 말이라도 함부로 말라. 입은 쓰기에 따라서 화문(禍門)이 되기도, 복문(福門)이 되기도 한다.

 사람이 몸과 입과 마음으로 짓는 업 중, 입으로 짓는 업이 선업이든 악업이든 제일 많다. 입으로 짓는 죄업의 대표적인 4가지는 한입으로 두말하는 것, 악한 말을 하는 것, 비단같이 꾸며 말하는 것, 망령된 말을 하는 것이다.

돌부처가 된 연이

 신라시대에 안동 지방에 원(지금의 여관과 같은 것)이 하나 있었다.
 이곳에는 부모를 일찍 여읜 연이라는 처녀가 일을 하고 있었다. 연이는 미인일 뿐만 아니라 마음이 착해서 지나는 길손들을 지성으로 보살펴 주었다.
 또 연이는 늦게까지 일을 하고도 틈을 내어 글을 읽었고, 지성으로 염불을 외우기도 하였다. 인근에는 연이의 미모와 착한 마음씨에 끌려 사모하는 총각이 많았다.
 이웃 마을에 욕심이 많고, 인색한 김 부자가 살았는데, 그의 아들도 연이를 사모하였다.
 어느 날, 김 부자의 아들이 비명에 죽어 저승에 갔는데 염라대왕이 인사를 받고는 한참을 기웃거리며 명부를 뒤적이더니, 웃으면서 말했다.

"아니, 자네는 아직 올 때가 되지 않았는데? 이왕 왔으니 인정(은근히 주는 선물)이나 좀 쓰고 갈 마음이 없나?"

"저는 지금 가진 것이 없는 걸요?"

이 말을 들은 염라대왕은 고개를 끄덕이며 무엇을 생각하더니 씩 웃으며 총각을 다시 불러 말했다.

"자네는 세상에 적악(積惡)한 사람이라. 다음에 소로 환생할 터인즉, 자네의 창고는 텅 비어 있지. 하지만 자네가 사는 건너 마을의 원에 있는 연이는 착한 일을 많이 하여 창고에 많은 재물이 쌓여 있다네. 그걸 좀 꾸어 인정을 쓰고 가면 어떤가?"

이 말을 들은 총각은 놀랐지만, 다시 살아 돌아간다는 기쁨에 연이의 재물을 꾸어 쓰고는 다시 세상에 돌아왔다. 다시 살아난 김 총각은 즉시 연이를 찾아가, 자초지종을 이야기하고 자기의 재물을 나누어주었다.

연이는 그 재물을 부처님을 위해 쓰리라 결심하였다. 그래서 도선국사로 하여금 원 옆에서 비바람에 시달리고 있는 석불을 중심으로 큰 법당을 짓도록 하였다.

이 공사는 큰 공사여서 5년이나 걸렸다. 그런데 마지막

날, 기와를 덮던 와공(瓦工)이 그만 잘못하여 높다란 지붕에서 떨어졌다. 온 몸은 마치 기왓장이 깨진 것처럼 산산조각이 났고, 혼은 제비가 되어 공중으로 날아올랐다. 그래서 이 절을 '제비사(燕飛寺)' 또는 '연미사(燕尾寺)'라 부르고, 이곳을 '제비원' 또는 '연비원'이라 불렀다.

연이는 서른 여덟 살이 되던 해 동짓달 스무 나흘 날에 처녀의 몸으로 죽었는데, 그날 저녁 온천지가 무너지는 듯 큰 소리가 나더니 커다란 바위가 두 쪽으로 갈라지면서 지금의 돌부처가 생겼다고 한다. 제비원의 돌부처는 연이의 죽은 혼이 변해서 생긴 것이라 회자한다.

이와 대동소이한 설화는 여러 지역에서 전해지고 있다.

전남 영암에 덕진다리가 있다.

신라 말경, 나룻터에는 덕진이란 여인이 주막을 하며 살았다.

인근의 어느 사람이 죽어 저승에 갔는데 명부에 잘못 적혀 다시 돌아왔다. 그런데 돌아 올 적에 덕진이의 창고에서 여비를 빌려 왔다. 그래서 덕진이를 찾아가 그 내력을 말하고 빌린 돈을 갚으려 했지만 받지를 않았다. 그리하여 그 사람은 빌린 돈으로 다리를 놓았다.

그래서 훗날 사람들은 이 다리를 덕진다리라 불렀다. 오늘날 덕진면이란 지명도 이렇게 해서 생겨났다.

소태산 대종사는 '우리가 일생에 아무리 많은 전곡을 벌어 놓았다 하더라도 죽을때는 가져가지 못하는 것이요. 하나도 가져가지 못한다면 그것이 내 것은 아니다. 영원히 내 물건 내 소유를 만들기로 하면 살아 생전에 어느 방면으로든지 남을 위하여 노력과 보시를 많이 하여야 할 것이다. 한 걸음 더 나아가 무념공덕을 끊임없이 심어 놓아야 무량한 복덕을 수용하게 된다' 고 하였다.

은혜 갚은 갈가마귀

옛날, 대동강변에 유태공이라는 사람이 살고 있었다.

유태공은 매일 대동강에서 고기를 낚아 가난한 생계를 이어가고 있었다.

어느 날, 유태공이 대동강에 조각배를 띄워 낚시를 늘어뜨리고 있는데 연광정(練光亭) 아래 암벽에서 요란스런 까마귀의 울음소리가 들려왔다.

유태공이 배를 저어 가까이 다가가 보니 큰 구렁이 한 마리가 갈가마귀 둥우리에 고개를 쳐박고 새끼들을 한 입에 집어삼키려는 참이었다.

"이놈의 구렁이!"

순간, 유태공은 긴 담뱃대로 힘껏 구렁이의 대가리를 내려쳤다.

대가리를 얻어맞은 구렁이는 담뱃독에 취해 그만 강물 속으로 떨어졌다.

"까악! 까악! 까악!"

까마귀는 마치 고맙다는 인사를 하는 듯 지저귀다가 새끼들을 데리고 모란봉 쪽으로 날아가 버렸다.

이러한 일이 있은 지 며칠 후에 유태공은 여느때처럼 대동강에 배를 띄우고 낚시질을 하고 있었다. 하루종일 낚시질을 하던 그는 점심으로 주먹밥을 먹은 후에 잠시 조각배 안에서 졸고 있었다.

그런데 이 때, 지난번에 유태공에게 대가리를 얻어맞은 구렁이가 강물을 헤엄쳐 유태공의 배로 접근해 오고 있었다. 마침 이러한 광경을 유태공에게 새끼를 구원 받은 갈가마귀가 대동강 위에서 놀다 보게 되었다. 위기일발의 위험을 느낀 갈가마귀는 곧 친구들과 함께 종루(鐘樓)로 날아가서 주둥이로 힘껏 인경을 두드리기 시작했다.

수십 마리의 갈가마귀 떼들이 일시에 인경을 두드리자, 종은 큰 소리를 내며 울려 퍼지기 시작했다.

"뎅~ 뎅~ 뎅~ 뎅~"

때아닌 요란스런 인경소리가 울려 퍼지자 조각배 안에서

기분 좋게 낮잠을 즐기던 유태공은 그만 깜짝 놀라 잠에서 깨어났다.

"으악!"

유태공은 잠을 깨자마자 비명을 질렀다.

큰 구렁이 한 마리가 강물 속에서 고개를 쳐들고 유태공을 물려고 하는 찰나였기 때문이다.

유태공은 곧 잡고 있던 노를 들어 힘껏 구렁이의 대가리를 내리쳤다. 그러자 구렁이는 대가리가 깨져서 즉사를 하고 강물에 둥둥 떠내려가 버렸다.

때아닌 인경소리에 놀란 평양 사람들은 강가로 모여들었다.

"무슨 인경 소리야?"

"누가 인경을 쳤어?"

그러나 인경을 친 사람은 아무도 없었다.

그런데 갈가마귀 떼들이 인경을 칠 때 그것을 본 한 노인이 있었다.

이 말을 전해들은 유태공은 갈가마귀들에게 깊은 감사를 했고 모든 사람들은 갈가마귀가 은혜에 보답한 것이라고 신통해했다.

　지금도 사람들은 갈가마귀의 주둥이가 꼬부라진 것을 두고 '그때 평양성내 인경을 치면서 꼬부라졌다' 고 말한다.

　우리 사회에서는 까마귀에 대해 좋지 않은 감정을 가지고 있다.

　까마귀의 울음소리와 색깔과 형상 때문인지 모르나 일반적으로 죽음의 전조를 나타내는 흉조로 믿고 있다.

　그러나 까마귀는 예로부터 효조(孝鳥)로 알려져 있다.

　이는 새끼가 자라면 늙은 어미에게 먹이를 물어다 주기 때문인데, 그래서 아는 사람들은 까마귀를 일러 반포조라고 일컫는다. 또 장성한 자식이 늙은 부모의 은혜에 보답하는 것을 반포지효라 한다.

　조선 광해군때 박장원은 시에서 이렇게 노래했다.

　　'늙으신 어버이를 모시고 살건만

맛진 음식을 대접 못하네
저런 미물도 사람을 감동시키는데
숲에서 먹이 찾는 까마귀를 보며 눈물 흘리노라.'

갈가마귀는 까마귀보다 조금 작은 새로 목으로부터 가슴과 배에 걸쳐 희고 나머지는 다 검게 생긴
겨울 철새로 언제나 떼지어 다닌다.

단명할 관상이 장수할 관상으로

　옛날, 관상을 잘 보는 스님이 친구의 아들을 상좌로 데리고 있었다.
　단명할 상이라, 스님을 만나면 오래 살 수 있지나 않을까 하여 보내왔던 아이였다.
　어느 날 상좌의 관상을 보던 스님은 깜짝 놀랐다. 1주일 안에 상좌가 죽을상이었기 때문이었다. 스님은 친구의 어린 아들이 절에서 죽으면 친구 내외가 너무 섭섭해 할 것 같고, 다만 며칠이라도 부모 옆에서 같이 지내게 해주는 것이 좋으리라 생각하여 상좌에게 말하였다.
　"집에 가서 삼베옷도 한 벌 만들고 무명옷도 만들고 버선도 짓고 하여, 한 열흘 다녀오너라."
　그 동안 집에 가서 부모도 만나고, 부모 앞에서 죽으라는 것이었다.

그런데 상좌는 열흘이 지난 뒤에 옷도 만들고, 버선도 짓고, 스님 잡수시라고 떡까지 해 가지고 아무 일 없이 돌아왔다. 돌아온 상좌의 얼굴을 보고 스님은 이상하게 생각하였다.

얼굴이 본래 단명할 상에다 최근에 상이 아주 나빠져서 꼭 죽는 줄 알았는데, 그 나쁜 기운이 완전히 사라졌을 뿐 아니라 앞으로 장수할 상으로 변하여 있었던 것이다.

틀림없이 사연이 있을 것이라고 생각한 스님은 상좌에게 자초지종을 물었고, 상좌는 다음과 같은 사실을 아뢰었다.

"집으로 가는 길에 작은 개울을 건너가게 되었는데, 수천 마리 개미떼가 새까맣게 붙어 있는 큰 나무껍질이 흙탕물에 떠내려오고 있었습니다. 조금 만 더 가면 작은 폭포가 있고 그 아래 물이 소용돌이치고 있어 모두가 물에 빠져 죽을 상황이었습니다. 순간 스님께서 '죽을 목숨을 살려주어야 불자로서의 도리를 다하는 것이고 복을 받는다'고 하신 말씀이 생각나서 얼른 옷을 벗어 나무껍질과 개미들을 감싸서 마른 언덕에 놓아주었습니다."

스님은 그 말을 듣고 무릎을 탁 쳤다. 그리고 상좌의 등을 두드리며 말했다.

"그러면 그렇지! 개미떼를 살려준 공덕으로 장수하게 되었고 부처님의 법을 잘 공부하게 되었구나.

모두 불보살의 가피력이시다. 나무관세음보살 마하살."

7일 뒤에 죽을 상좌의 생명은 이러한 방생의 공덕으로 70년으로 연장되었다.

참으로 자신을 사랑하는 사람은 살생을 하지 않는 것에 그치지 않고, 뭇 생명을 살리는 자비를 행한다.

사람의 목숨이나 짐승의 목숨이 근원에 있어서는 같다. 그러나 인간중심의 사고는 뭇 생명을 도구화하기 쉽다. 사람이 인간중심의 사랑에만 그치지 않고, 생명 본위의 사랑이 내면에 있어 행하기에 만물의 연장이라고 하는 것이다.

부처님은 '사람이 백년동안 오래 살면서 천하의 귀신을 부지런히 섬기되 코끼리와 소와 양으로 제사지내도 한 번 자비를 베푼 것만 못하네'라고 했다.

한잔 술이 간음까지

 평화롭고 조용한 시골에 평소 마을 사람들에게 존경을 받는 거사(居士)가 살고 있었다.
 그는 재산도 있고 교양과 학식을 두루 갖추었으므로 부도덕한 행위를 할 사람이 아니었다. 그런데 어느 날 대낮부터 술을 많이 마셔 거의 제 정신을 가누지 못할 정도에 이르렀다.
 그 때 마침 이웃집 닭 한 마리가 모이를 찾아 주위를 헤집고 다니다가 그의 집으로 들어와서 마당을 휘젓고 다녔다. 그는 포동포동 살이 오른 암탉을 보자 식욕이 크게 동하여 생각할 겨를도 없이 남의 닭을 잡아먹고 말았다.
 이로 인해 그는 남의 닭을 도둑질한 허물을 짓게 되었고, 또한 생명을 죽이는 큰 죄를 저지르게 되었다.
 닭고기를 안주 삼아 더 많은 술을 마시게 되자 그의 취기는 더욱 올라왔다. 한편 이웃집 부인은 자기 집의 닭이 이웃집에 들어간 뒤 날이 저물도록 돌아오지 않자 수상하게 생각하여 그의 집을 찾아갔다.

"우리 집 닭이 댁으로 들어갔는데 보지 못했습니까?"

"나는 전혀 모르는 일이오."

그는 완강하게 부인하였다. 이로써 거짓말까지 저지르게 된 것이다.

그러나 이웃집 부인은 그가 닭고기를 먹는 것을 보고 의심이 생겨 발걸음을 옮길 수가 없었다.

그런데 한껏 취한 거사의 눈에 여인의 주저하고 있는 모습이 너무나 매혹적으로 보였다. 그는 갑자기 끓는 동물적 충동을 이기지 못하고 부인을 강제로 겁탈하고 말았다. 마침내 간음까지 저지르고 말았다.

술만큼 사람에게 많은 이야기를 남긴 것도 없을 것이다. 옛 사람들은 술을 마시며 풍류를 읊었고, 또 일터에서 한잔의 술은 큰 보약이 되기도 한다.

 그러나 술은 한 잔으로 그치지 않는 약점이 있다. 그래서 사람들은 처음엔 사람이 술을 마시지만, 그것이 과하면 술이 술을 마시고, 마지막엔 술이 사람을 마신다고 한다. 그렇게 도를 넘은 술은 많은 실수와 망신을 낳는다.

 앞의 이야기도 술을 먹은 것이 원인이 되어 살생으로 이어지고, 거짓말을 하게 되며, 간음까지 이르게된 경우이다.

 중국 강남에 한 짐승이 있었으니 이름은 '이리'라 했다. 그 짐승의 머리털이 심히 길고 아름다워서 귀족집 부녀들의 머리 단장하는 최상의 재료가 되는데, 그것을 구하려면 대단히 힘이 들었다.

 이리는 얼마나 힘이 강하고 날래고 모진지 도저히 인력으로는 잡을 수 없고, 그 성질이 술을 즐겨하므로 술을 먹여서 취한 후에 잡는 것이 유일한 묘계라 했다.

 술을 그릇에다 담아서 이리의 자주 내왕하는 길목에 놓아두고 사람은 근처에 은신하고 있으면, 이리가 지나가다가 술을 보고 처음에는 입을 들어 하늘을 향하고 웃으며 '오-

나를 잡으려고' 하는 표정을 나타내며 본체도 아니한다.

그러나 수십 보를 가다가 어떠한 사심(邪心)이 동하였던지 다시 돌아와서 술을 향하고 한참 바라보다가 부득이 꼭 한잔만 먹고 가리라는 결심을 하고는 술을 마신다. 그리고 또 십여 보를 가다가 다시 돌아와서 꼭 한잔만 더 먹고 가리라 한다.

그렇게 조금 가다 되돌아서고, 조금 가다가 되돌아서서 이와 같이 4, 5차를 내왕하다가 나중에는 그 자리에서 일어나지도 아니하고 '먹은 김에 다 먹자'는 듯 정신없이 술을 다 먹는 뒤에는 필경 취해 쓰러진다. 그러면 사람은 바삐 나와서 머리털을 벗겨 가는데, 술이 취한 이리가 실컷 자고 일어나서 머리털이 없어진 것을 알고는 통곡을 한다.

그 이리로 말하면 처음에는 술을 한두 잔만 마시기로 하였으나, 그 한잔 술이 변하여 한동이에 달하고, 필경은 자기의 머리털을 도적 맞는 경우에 이른다.

이와같이 사람도 처음에는 한 두어가지 사소한 잘못을 고치지 않다가 필경은 악업이 쌓여서 나중에 큰 죄업이 되어 앞길을 망치는 경우가 많다.

소태산 대종사가 '작은 악함이 대업을 그르치나니라'고 말하면서 들려준 예화의 내용이다.

뱀이 된 승려들

 옛날 홍재상(洪相)이 아직 벼슬길에 오르지 못하고 있었을 때, 길을 가다가 소나기를 만났다.
 비를 피하기 위해 자그마한 굴속으로 급히 달려갔더니 굴 옆에는 조그마한 암자가 있었고, 또 그곳에는 17,18세쯤 되어 보이는 아리따운 여승이 홀로 앉아 있었다.
 그 연유를 묻자 원래 그곳에는 세 명의 여승이 있는데 지금 두 명은 양식을 구하러 마을로 갔다고 했다.
 어찌하다 그는 여승과 정을 통하게 되고 "아무 달 아무 날 그대를 맞아 집으로 데리고 가겠다"고 약속했다. 남자의 정을 처음으로 알게 된 젊은 여승은 마냥 약속한 날만 기다렸다. 그러나 그 날이 지나도 나타나지 않자 여승은 마음에 병이 생겨 죽고 말았다.
 홍재상이 나중에 남방 절도사가 되어 진영에 있을 때였다.

어느 날 도마뱀같이 생긴 자그마한 뱀이 그의 이불 위를 지나갔다. 아전을 시켜서 내던지게 했더니 아전이 죽여 버렸다. 그런데 다음날에도 도마뱀이 들어오는 것을 보고 그는 이상함을 느꼈다. 그리고 지난날 여승에게 한 약속을 어긴 것이 화근이 아닐까 생각했다.

그러나 자기의 위엄과 무용만 믿고 지나쳤다. 그러자 뱀은 몸뚱이가 점점 커져서 마침내 큰 구렁이가 되었다. 그는 영내에 있는 모든 군졸을 모아 칼을 들고 사방을 에워싸게 하였으나 뱀은 포위를 뚫고 들어왔다. 군졸들은 뱀이 들어오는 대로 다투어 찢어 버리거나, 사방에 장작불을 지펴 불 속에 집어 던졌으나 구렁이는 없어지지 않았다.

그는 할 수 없이 구렁이를 함 속에 넣어 방안에 두었다. 그리고 낮에는 함 속에 가두어 두었다가 순행을 나갈 때에는 사령에게 함을 짊어지워 앞세우고 다녔다. 그러나 그는 점점 정신이 쇠약해지고 얼굴빛이 파리해지더니 마침내 병들어 죽었다.

또 이런 이야기도 있다.

안공이라는 사람이 임천의 태수로 있을 때의 일이다.

금성산 보광사에 대선사라는 법계가 높은 승려가 있었는데 안공을 자주 찾아와서 이야기를 나누곤 했다. 서로 이야기가 나눌 만하여 두 사람은 친숙하게 지냈다.

그 승려는 시골여자를 데려다 아내로 삼고 몰래 드나들었다. 그러다 승려는 죽음을 맞이했다. 그런데 젊은 아내를 못 잊은 선사는 죽어서 뱀이 되어 아내의 방을 떠나려고 하지 않았다. 부인은 가련하게 생각하여 이를 항아리 속에 넣어두었다.

그러나 뱀은 이내 항아리에서 나와 아내의 품으로 파고들어 그녀의 허리를 감고 머리는 가슴에 기대었다. 꼬리 중간에는 음경과 같은 혹이 있어서 그 곡진한 정다움이 마치 생전과 같았다.

이 소문을 들은 안공이 여인을 불러 물어보니 소문은 사실이었다. 이에 안공은 항아리를 가지고 오게 해, 승려의 이름을 부르자 뱀이 머리를 내밀었다. 안공은 이를 보고 큰 소리로 "아내를 그리워하여 뱀이 되었으니 승려의 도리가 과연 이와 같으냐?" 라고 뱀에게 꾸짖으니 뱀이 머리를 움츠리고 항아리 속으로 들어갔다.

안공은 남몰래 상자를 마련해 두었다가 승려의 아내에게 "사또께서 새 함을 주어 몸을 편안하게 해줄 터이니 빨리 나와요"하고 말하게 했다. 치마를 상자 속에 펴주니 뱀이 항아리에서 나와 상자 속으로 옮겨갔다.

그때 건장한 아전 두 세 명을 시켜 뚜껑을 덮고 못을 박게 했다. 이를 안 뱀이 날뛰고 뒹굴며 나오려고 안간힘을 썼으나 나오지 못했다.

안공은 이를 수장(水葬)하기 위해 승려의 이름을 쓴 명기(銘旗)를 만들어 선두에 서게 하고 또 수십 명의 승려들이 북과 바라를 울리고 불경을 외우면서 따라가서 상자를 강물에 띄워 보냈다. 이와 같이 정중하게 장례를 치렀기 때문에 그 후 여인은 아무런 탈이 없었다.

여승과 남승의 이야기이다.

약속을 지키지 않은 남자를 뱀이 되어 죽게 만든 여승의 이야기와 스님이 죽어서도 아내를 잊지 못하여 뱀으로 태어나 생전과 같이 생활하는 내용이다.

남녀의 정이란 출가 수도하는 사람이나 세상 생활하는 사람이나 다를 바 없다. 감각이 없는 사람은 목석이지, 어찌 사람이라 하겠는가. 그러나 수도인은 참지 못할 것을 참아내는 데서 참가치가 나온다.

소태산 대종사는 애착에 대하여 이렇게 말했다.

'사람에 끌리어 서로 멀리 떠나지를 못한다든지 떨어져 있을 때 보고싶은 생각이 나서 자신 수도나 대중과 함께하는 일에 지장이 있는 것을 이름한다.' 또 '저 사람이 나를 사랑하거든 다만 생각없이 좋아만 할 것이 아니라, 먼저 그 원인을 생각해 보아서 그만한 사랑 받을 만한 일이 있었거든 그 일은 영원히 변하지 않기로 명심하고, 만일 그 만한 일이 없이 받은 사랑이거든 그것을 빚으로 알아야 한다. 또한 부정당한 사랑이면 그것을 끊을 줄 알아야 한다.'

법화경에서는 '뱀은 유혹이요 애욕이다. 악업이 깊은 동물이라, 그의 일생이 매우 괴롭다'고 했다.

유혹이란 남을 꾀어서 정신을 어지럽히거나, 나쁜 길로 인도하는 것을 말한다.

애욕이란 욕망에 마음이 사로잡힌 것으로, 불교에서는 '음욕보다 더한 불길은 없다'고 주의했다.

한산과 습득

한산(寒山)과 습득(拾得), 풍간(豊干)은 모두 중국 당나라 때 스님이다.

어느 날 풍간이 길을 가다가 버려진 남자 아기를 발견하고는 주워서 절에 맡겼다. 주지 스님은 아이에게 습득이란 이름을 지어주고, 법당 부처님 앞에 있는 촛대와 향로를 청소하는 소임을 주었다.

하루는 스님이 법당 앞을 지나는데 법당 안에서 말소리가 들렸다.

"부처님, 밥 잡수시오. 안 잡수셔? 그럼 내가 먹지."

"부처님, 반찬 잡수시오. 안 잡수셔? 그럼 내가 먹지."

스님이 이상해서 법당 문을 열어 보니 습득이 부처 턱 밑에 앉아 공양 올린 밥을 숟가락으로 퍼서 부처 입에 갖다 대고는 자기가 먹으면서 연신, "부처님, 밥 잡수시오. 안 잡수셔? 그럼, 내가 먹지" 하고 있었다. 화가 난 스님은 습득을 강등시켜 부엌에서 설거지를 하는 소임을 맡겼다.

어느 날 고두밥을 쪄서 멍석에 말리는데, 새들이 와서 먹을까봐 습득에게 지키라고 하였다. 습득은 고두밥을 지키다가 그만 잠이 들었는데 깨어 보니 새들이 날아와서 고두밥을 모두 먹어버린 뒤였다.

습득은 막대기를 들고, 옆에 있는 사천왕에게 달려가서 힘껏 사천왕을 후려치며 소리쳤다.

"고두밥 먹는 새도 못 지키는 주제에 감히 어찌 절을 지키겠는가!"

그때 주지스님의 꿈에 사천왕이 나타나서 "스님, 습득이가 때려서 아파 견딜 수가 없습니다" 라고 하였다. 스님이 깜짝 놀라 사천왕에게 달려가 보니 습득이 계속 사천왕을 때리고 있었다.

습득은 부엌에서 대중이 먹고 남은 밥을 얻어서 대통에 넣어 한산(寒山)과 어울려 여기저기 돌아다니며, 일없이 하늘을 보고 웃기도 하고, 큰 소리를 지르고 미친 짓을 하면서도 입에서 나오는 말은 모두 불도(佛道)의 이치에 맞는 말만 하였다.

  한때 한산과 습득이 구월산 절에 있을 때 하루는 시장에 가서 소 10여 마리를 몰고와 줄을 세웠다.
  그리고 주지스님 이하 여러 스님들을 나오게 해,
  "공부한다고 절에 와서 시주한 것만 먹고 편히 살면서 공부에 대한 일심이 없으면 어찌 되는지 이 소들을 보고 깨우침을 얻으라"하고는 소 있는 곳을 향하여 " 주지 스님 나오너라" 하고 크게 부르니 그 소 가운데 한 마리가 고개를 들고 나왔다.
  또 " 스님 나오너라" 하니 다른 소 한 마리가 나오는 등 차례로 각기 스님의 이름을 부르면 소들이 차례로 나오기 시작하였다.
  부르기를 마친 한산과 습득은 "10여 마리 소가 다 출가하여 공부를 잘못하고 시주만 먹고 편히 살기를 좋아하다가 소가 되었다"고 하였다.

  어느 날 한산과 습득이 국청사에 있었다.

하루는 그 절에 다니는 부자 신도 한 분이 집에서 아들 결혼식을 올리게 되는데 주방일 볼 사람이 없다고 주지스님에게 부탁하여 이 두 사람을 청해왔다.

  그런데 시간이 되어 신부가 들어오는 것을 보니 그는 몇 생 전에 장자의 할머니였다. 두 스님은 중생들이 생사 속에 윤회하는 것이 하도 우스워 서로 쳐다보며 웃었다. 옆에 있던 사람들은 영문도 모르고 따라 웃었다.

 '한산, 습득은 작은 웃음 참지 못해
  종일 경 읽고 아미타불 불렀는데
  세상 사람들은 나의 웃는 뜻을 모르고
  나의 웃음에 세인 입만 더하구나.'

  이렇게 시를 읊고 있으니 장자가 며느리를 데리고 사당 앞에 와서 절을 시키면서 북을 쳤다. 한산과 습득이 보니 그 북은 3년 전 장자의 고모가 죽어서 소가 된 것을 잡아먹고 그 가죽으로 만든 것이었다. 두 스님은 또 웃었다.

 '당위에 치는 북은
  그대 고모의 껍질이고
  냄비에 굽는 것은 그대의 살이다.

몇 생 전 어머니의 할머니를 며느리로 데려오니
내가 지금 웃지 않고 어느 때에 웃겠는가?
그런데 장자는 이튿날 주지스님을 찾아와,
"남의 신성한 결혼식에 와서 종일 웃음으로 무례를 범했으니 어떻게 그런 사람을 절에 둘수 있느냐"고 호통치며,
"만일 그 자들을 절에 그대로 두면 다시는 시주를 않겠다"고 하였다. 그리하여 한산과 습득은 그 절에서 쫓겨나고 말았다.

정산종사는 '한산과 습득 두 스님은 겉으로 보기에는 바보같고 거지같이 밥을 얻어먹고 다녔지만 평생을 일심(一心)을 놓지 않고 적공을 하였다' 고 하며 '사람이 세상을 살아 가자면 일심(一心)이 제일이니 일심이 아니고는 어떠한 일도 성공하는 법이 없나니라. 공부를 해도 일심을 들여야 되는 것이요,

사업을 할지라도 일심을 들이지 아니하고는 아니 되나니,

곧 도학(道學) 공부를 할 때에도 일심을, 밥을 먹을 때에도 일심을, 길을 걸어 갈 때에도 일심을, 농사를 지을 때에도 일심을, 남자들이 소변통을 지게에 질 때에도 일심을, 여자들이 구정물에 손을 넣고 설거지를 할 때에도 일심을 들여야 한다' 고 하였다.

  대중의 밥을 먹으며 수도하는 사람은 수도에 게으름을 피우지 말라는 큰 교훈이다.

  한산과 습득, 두 스님은 보현보살과 문수보살의 화현이라고도 한다.

열다섯 냥 때문에 뱀으로 태어난 노스님

 옛날 어떤 노스님에게 일생동안 쓰지 않고 모은 돈 열다섯 냥이 있었다.

 노스님은 벽 구석에다 구멍을 뚫고 돈을 넣어둔 뒤 아무도 없을 때만 몰래 꺼내어 세어보는 것이 낙이었다.

 밤이면 베개 속에 넣고 자기도 하고, 끌어안고 자기도 하였다.

 노스님이 세상을 떠난 뒤 제자들이 그 방에서 살게 되었는데, 몇 달 지난 뒤부터 밤마다 벽에서 부스럭거리는 소리가 나기 시작했다.

 이를 이상히 여겨 소리가 나는 곳의 벽지를 뜯어보았더니 손가락 만한 뱀이 돈 열다섯 냥을 틀어 안고 있었다.

평소 즐기던 것은 착심이 되기 쉽다. 그 착심은 다음 생의 모든 것을 결정하는 첫 번째가 된다. 마음이 재물에 묶여 재물을 떠나지 못하면 재물의 착심에 걸려 있는 것이고, 마음이 명예에 묶여 명예를 떠나지 못하고 있으면 명예의 착심에 걸려 있는 것이며, 마음이 처자권속에 묶여 처자와 권속을 떠나지 못하면 착심이 처자와 권속에 걸려 있는 것이다.

수도를 한다는 스님도 열다섯 냥의 착심에 걸려 그것을 낙으로 삼고 살았으니, 결국 열다섯 냥을 지키는 뱀으로 태어나 지킬 수밖에….

우리는 지금 무슨 재미로 사는가? 그것이 착심이 되지 않을까 두렵다.

벙어리 오남매의 사연

 일본 북육선 대성사정에서 십리쯤 되는 동곡 오촌자대사라는 농촌에서 있었던 일이다. 대정 40년도 국세조사 할 때에 발각된 사실을 1930년 5월 30일 중외일보에서 발표한 사실담이다.

 중량중인태랑이란 사람의 아내가 한 탯줄에 사내아이 둘, 계집아이 셋을 합해서 오 남매를 낳았다.

 그러나 모두 반은 사람의 얼굴이고 반은 원숭이 얼굴이었다. 그렇다고 내버릴 수도 없고 해서 크는 대로 키우는데 그나마도 모두 벙어리였다. 그래서 장남과 장녀는 서커스에 팔려가서 구경거리가 되고, 남은 아이들은 그대로 집에 있었다.

 반원반인(半猿半人)의 벙어리 오 남매가 왜 태어났을까? 그 원인을 살펴보면 이런 일이 발생한 후 태기가 있어 생겨

난 아이들인 것이 분명하다.

　중량중인태랑은 총질 잘하는 사냥꾼 포수인데, 어느 산골에 들어가니 마침 배가 불룩한 원숭이가 눈에 띠었다. 총을 겨누어 쏠려고 한즉, 원숭이는 앞발을 치켜들고 쏘지 말라는 형용을 했다.

　그러나 무도한 포수가 그런 것을 불고하고 모처럼 눈에 띤 원숭이라 횡재나 한 것처럼 쏘아서 죽였다. 그리고 가죽을 벗기고 배를 갈라 보니 새끼가 다섯 마리 들어 있었다.

　그 뒤, 얼마 안되어서 그의 아내에게 태기가 있었고, 10개월 뒤 아이를 낳은 것이 반인반원으로 사람의 말도 못하는 벙어리 오 남매였다.

　이것은 분명 그 원숭이의 새끼 혼이 원귀로 와서 태어난 것이 틀림없다.

　얼마나 믿기 어려운 일인가. 그러나 이것은 실화이다.
　사람들은 '원인없는 결과는 없다'고 흔히 말한다. 그러나 인과에 대해서는 좀처럼 믿으려 하지 않는다. 지어서 받는 것이나, 우연히 받는 모든 것이 인과의 이치인지를 모르고. 그래서 진리에 눈뜬 성자들은 중생들을 가엽게 여기고, 늘 바른 길로 인도하기 위해 하루도 편할 날이 없다.

소태산 대종사는 '과거에는 인과관계가 오래두고 상연(相緣)되었으나 앞으로는 가장 가까운 사이가 되어서 갚는다. 3년 내에 대개 받고 또는 30년 내에 모두 받게 된다' 고 했다.

성현의 말씀을 보지 않고 믿는 자는 행복하다.

산 목숨을 죽여 그것을 즐겨 먹는다면 어떤 과보는 받을까?

미미한 곤충이라도 죽음을 좋아하는 것은 없다. 내 몸을 위해 산 목숨을 죽인다면 그 죄는 그림자처럼 따라 다니다.

소태산 대종사는 '붕어를 보고 회 생각하고, 소를 보고 고기맛을 생각만 해도 마음속으로 살생한 것이다' 라고 했다. 미물곤충을 어여삐 여겨 소중하게 생각하는 마음도 자비다.

풍부한 먹거리로 폭식이 잦은 요즘, 먹는 것에서부터 혹 나는 죄짓고 있는 것이 아닌지 돌아보자.

아버지의 후신인 소를 공원에

중국 상해에 있는 큰 공원 한편에 까만소 한 마리가 서 있는데 많은 사람들이 신기한 듯 쳐다보고 있었다.

그런데 소 앞에 세워진 게시판에는 신기한 글이 적혀 있다.

'지나가는 남녀노소 여러분들이여, 이 소의 배를 보시오…' 하고 장광설(長廣舌)을 늘어놓았는데 그 내용은 이러하였다.

상해 근처에 큰 부자가 한 사람 있었다. 그 사람은 어떤 이유 때문에 죽마고우인 왕중주(王中主)에게 자신의 재산을 관리해 주도록 부탁하고 상당한 대우를 해 주었다.

그리고 왕중주에게 등기서류 뿐만 아니라 인감도장까지 모두 맡겼다. 그런데 왕중주가 친구의 은혜로운 부탁을 등지고 합법적으로 모든 재산을 가로챘던 것이다. 하늘처럼 믿었던 친구가 자기 재산을 교묘하게 사취(私取)한 것을 알게 된 부자는 분한 마음을 이길 수 없었지만 어찌할 도리가 없었다.

재산을 다 빼앗기고 거지가 되다시피 한 그는 조금 남은 패물을 팔아 시골에 내려가서 농사를 짓게 되었고, 논과 밭을 갈 암소를 한 마리 사서 길렀다. 몇 해가 지나자 암소가 새끼를 낳았는데, 그 새끼 배에 글씨가 몇 자 새겨진 흔적이 있었다.

자세히 보니 자기를 배신했던 철천지원수 왕중주의 이름 석 자가 아닌가! 이상한 생각이 들어 알아본 결과, 왕중주가 얼마 전에 죽었다는 사실을 알게 되었다. 원한으로 가득 차 있던 그는 생각했다.

"그 원수가 죄 값을 하려고 내 집에 태어난 것이구나. 이놈! 잘 만났다. 사람이 죽으려면 3년 전부터 환장한다는 말은 있다만, 너처럼 환장한 놈은 일찍이 보지 못하였다. 네가 죽어 이제 빚을 갚으러 온 모양이다만, 송아지로 내 집에 태어난 것만으로 나의 분하고 원통한 빚을 다 갚는다고 생각하면 큰 잘못이다. 이제부터 네놈에게 원수를 갚을 터이니

견뎌 보아라."

 이렇게 다짐을 한 그는 아주 모질고 기이한 방법을 생각해내었다. 그는 왕중주의 후신인 송아지를 가두어 놓고 끼니때마다 먹을 것을 주었다. 그러나 밤중이 되면 촛불을 밝혀 놓고 시퍼렇게 간 칼을 들고 우리 안으로 들어가는 것이었다. 그리고 송아지 목에 큰 칼을 들이대고는 살기를 띤 음성으로 속삭였다.

 "네 이놈! 왕중주, 이 나쁜 놈! 사람의 탈을 쓰고 어찌 그런 짓을 할 수 있었더냐? 네놈이 이리와 같은 놈이었으니 그런 짓을 했겠지. 이놈아! 지금 당장은 내 너를 죽이지 않는다. 조금 더 키워서 잡되 그것도 단번에 죽이지 않을 것이다. 네 놈이 보는 앞에서 숯불을 피우고 시퍼렇게 칼을 갈아 하루에 살 한 점씩만 베어낸 다음, 네놈이 보는 앞에서 구워 술안주로 삼을 것이다. 네 이놈! 단단히 들어두어라."

 그는 이 일을 매일같이 계속하였다. 그러자 왕중주의 이름이 새겨진 송아지는 비쩍 마르기만 할 뿐 자라지를 못하는 것이었다.

 그렇게 한동안을 지내고 있는데, 하루는 왕중주 아들이 느닷없이 찾아와서 마당 한가운데 넙죽 엎드려 사죄를 하는 것이었다.

"어르신네, 제발 널리 용서해 주시옵고 우리 아버지만 살려 주십시오. 재산을 돌려드림은 물론 영감님 뜻대로 하겠습니다. 부디 아버지만 살려 주십시오."

아들은 수없이 절을 하면서 간청하였다.

"나는 지금 꼭 돈만 가지고 그러는 것이 아니다. 너의 아버지 소행이 너무나 괘씸하여 분함을 참을 수 없어서 그러는 것이다. 그러나 저러나 너는 어찌 된 일이냐? 어떻게 이 사연을 알게 되었느냐?"

"저희 선친이 어르신네의 은공을 저버리고 사취한 것은 저도 어느 정도 짐작은 했사오나 자세히는 모르고 지냈습니다. 그런데 여러 달 전부터 어머니와 저의 꿈에 자주 나타나시어 그 동안 지은 죄를 자세히 말씀하셨습니다. 그리고 어르신네의 소로 태어나 죄 값을 갚으려 하지만, 그 죄가 워낙 크기 때문에 소의 몸을 버리고 나더라도 다시 무서운 지옥으로 떨어져야 한다고 하셨습니다. 뿐만 아니라 지금 당장 괴로움도 괴로움이거니와 재산을 어서 돌려 드려야만 당신의 죄를 벗을 수 있다고 하셨습니다. 선친이 살아생전에 자세한 내용을 말씀하지 않으신 것은 당신의 떳떳하지 못한 행동을 가족들이 아는 것을 부끄러워했기 때문이었고, 저희들이 그 내용을 알면 떳떳한 마음으로 세상을 살 수 없을 것이라는 생각에서였다는 것입니다. 그리고 어르신네께서 계신 이곳을 꿈속에서 알려주셨습니다. 이제 저희가 모든 재산문서를 이렇게 가지고 와서 사죄를 드리오니, 널리 용서하시옵소서. 부디 이것을 거두어 주시고 저희 아버지를 돌려주시기만 하면, 그 은혜 백 번 죽어도 잊지 않을 것이옵니다."

그는 지극 정성으로 간청하는 아들의 효심에 감동하여 재산을 되돌려 받고 송아지를 내어 주었다.

왕중주의 아들은 아버지의 후신인 송아지를 데리고 가서 음식도 잘 대접하고 각별히 보살폈다. 그리고 다 자란 다음에는 공원에다 좋은 우리를 지어 놓고 아침저녁으로 정성껏 여물을 쑤어 대접하면서, 오고가는 만천하의 사람들이 이 소를 보고 경각심을 일으켜 인과를 믿고 선행을 닦으라는 뜻으로 사연을 쓴 안내판을 만들어 놓았던 것이다.

이것은 《오계이야기》에 있는 내용이다.

이 이야기는 혜명 스님이 중국의 불교성지를 두루 참배하고 명승지를 구경할 때 상해에 있는 공원에 들렀다가 본 내용이다. 소 이야기로 우리에게 인과의 이치를 깨우쳐 주는 보감의 말씀이다. 이야기를 음미하다 보면 인과란 참으로 두려운 것임을 깨치게 된다.

한국전쟁 직후 금강산에 있던 이혜명 스님이 부산으로 피난을 왔을 때 일타 스님 뿐만 아니라 여러 스님들이 혜명 스님에게 직접들은 이야기라 한다. 혜명 스님은 경전에도 밝고 재나 각종 의식이나 범패도 잘하여 '팔방미인 큰스님'이라 불리었다.

뱀이 된 홍도비구

 옛날 어느 절에 홍도비구라는 스님이 있었는데 수행을 매우 잘 하였으므로 모두 그를 선지식으로 추앙하였다.
 하루는 우연히 홍도비구의 몸에 병이 나 고통이 매우 심하였다. 그는 고통을 이기지 못해 혼자 짜증을 내고 괜히 신경질을 부리다가 그만 죽고 말았다.
 어느 날, 그 절 주지스님 꿈에 홍도비구가 나타났다.
 "나는 생전에 너무 화를 내고 병중에 신경질을 부리다가 죽어 뱀이 됐는데, 손이 없어 꼬리로 대중방 벽에 한 게송을 지어 써놓았으니 여러 스님들은 이 글을 보고 진심을 내지 마십시오"하고 홀연히 사라졌다.
 주지스님은 꿈이 너무도 생생하여 이튿날 아침에 대중방에 갔더니, 과연 홍도비구의 경계송(警誡頌)이 다음과 같이 적혀 있었다.

'나는 옛날 비구가 되어 이 절에 있었는데
지금 받은 몸은 죄가 맺힌 뱀이로다.
가사 단정한 사람의 몸을 넘을지라도
진심을 못 끊으면 이 몸을 만나니
천당과 지옥이 오직 사람의 마음에 달린 까닭이다.

나는 다행히 불법을 만나고 사람 몸을 받아서
다겁으로 오면서 부지런히 수행하여 성불에 가깝더니
송풍취탑에 누워 병으로 고통하다가 한번 성을 내고 뱀의 몸을 받으니
이 몸을 부숴서 티끌을 만들지언정
평생에 다시는 진심을 내지 않으리.

원컨대 스님은 염부에 돌아가서
나의 형용을 말하고 뒷사람 경계하소.
진심을 끊으면 보리가 가깝다고
뜻은 있어도 입으로 말 못하니
꼬리로써 글을 써서 심정을 드러내네.

원컨대 그대는 이 글을 벽에 달아놓고
진심이 일어날 때 눈을 뜨고 보소서.
마음에 진심 없는 것이 하나의 보시요
입안에 진심 없으면 또한 향기 토하리
얼굴에 진심 없으면 참 공양이라
기쁠 것도 화낼 것도 없으면 이것이 진상(眞常)이라네.'

　정산종사가 제자들에게 최후일념에 대하여 이야기하였다.
　'어떤 선승이 소나무 밑에서 도를 닦는데 항상 솔가루가 떨어지는 것을 성가시게 여기더니 최후 일념시에도 그 성가신 그대로 죽어서 후생에 독사의 몸을 받았다는 이야기가 있다. 일생을 선승으로 수도를 하였건마는 최후 일념을 성가시게 여긴 까닭에 그 착(着)으로 악도에 떨어진 경우이다.'
　최후일념을 어떻게 갖느냐에 따라서 다음 생이 행복해지기도 하고, 불행해지기도 한다. 그것은 마지막 한 생각이 내

생의 종자요 습관이 되기 때문이다.

  그러나 최후일념을 청정이 하고 싶다고 다 되는 것은 아니다. 평소에 청정한 마음을 가지는 노력과 적공이 쌓일 때 가능하다. 이것을 아는 스승들은 발등에 불 떨어진 것처럼 부지런히 적공하라고 당부하지 않았던가! 오늘도 내일도 적공 또 적공 할 일이다.

양의 혀를 빼고 갚음을 받은 반과

당나라 부평현의 도수소리(都水小吏) 반과(潘果)가 친구들과 함께 들로 놀러 갔다가 풀을 뜯어먹고 있는 양을 쫓아가 잡으려고 했다.

그러자 양이 큰 소리로 슬피 울므로, 반과는 주인이 알까 두려워 양의 혀를 빼어 죽였다.

그런 일이 있은 뒤 얼마 안되어 반과는 혀에 부스럼이 났다. 녹두알 같은 것이 가득 나서 음식을 먹을 수 없고, 말도 제대로 할 수가 없었다. 별의별 약을 다 써 보았으나 아무런 효험이 없어서, 마침내 벼슬도 그만두고 고향으로 돌아가 날마다 눈물로 세월을 보냈다.

그의 후임자 정여경이 이를 보고 말하였다.

"이것은 틀림없이 업병(業病)이니, 법화경 한 질을 베껴서 양의 명복을 빌어 보시오."

반과는 문득 양의 혀를 빼어 죽인 일을 크게 뉘우쳤다. 그리고 법화경 한 질을 베껴서 양의 명복을 빌고, 부처님께 나아가 진심으로 참회하였다.

그랬더니 얼마 후 병이 차차 나아서 다시 벼슬길에 나섰다. 그 후에도 그는 부지런히 법화경을 독송했다.

원인 없는 결과란 있을 수 없고, 결과 또한 원인이 없이 있을 수 없는 것이 너무도 당연한 이치이자 우주의 대법칙이다.

반과가 지난 일을 참회하고 양의 명복을 빌면서 법화경을 썼기 때문에 업병이 나은 것이지, 법화경을 베껴서 낳은 것이 아니다.

정산종사는 '내소사의 스님 한분이 사찰림 인근에서 나무하는 것을 유독히 못하게 막았다. 그래서 나무꾼들이 길가에 나무 막대기를 세워두고 이름을 내소사 중이라고 붙였다. 그리고 나무하러 오르내리면서 작대기로 때리며 나쁜

중이라고 했는데, 그 스님의 목에 종기가 나서 치료가 안되었다고 한다.

그 스님이 나중에 나무꾼들과 관련 있음을 알고 그들을 초청해 해원하고 사찰림에 와서 나무를 하도록 하였더니 치료하지 않아도 종기가 자연히 나아졌다'는 이야기를 제자들에게 하였다.

맺힌 것을 푸는 것이 업을 소멸하는 첫 걸음임을 알아야 한다.

다음 생의 몸뚱이

약 1백년 전, 일본 큐슈의 조그마한 암자에 마을 사람들을 상대로 돈놀이를 하는 스님이 살고 있었다.

스님은 처음에는 조용히 도를 닦으며 살고 있었다. 그런데 마을 사람들이 스님에게 돈을 빌려쓰게 되면서부터 돈맛을 알게됐다. 가만히 두어도 돈이 이자로 새끼를 쳐서 자꾸 불어나는 맛에 본격적인 돈놀이꾼이 되고 만 것이다.

스님은 참으로 철저하게 돈놀이를 하여, 이자나 원금을 받을 날짜가 되기 3일 전이면 어김없이 돈을 빌려간 사람을 찾아가서 통보하였다.

"다가오는 10일이 이자를 낼 날이니 꼭 가져오시오."

"사흘 후면 원금을 갚아야 하는데, 돈을 준비해 두었소?"

돈을 가진 스님 앞에서는 마을사람들은 모두 "예 예" 하며 굽실거렸지만, 돌아서면 욕을 하고 손가락질하였다.

"도는 뒷전인 채 돈만 밝히는 순 땡초 같으니!"

그러나 마을사람들은 가난한 데다 다른 곳에서 돈을 쉽게 빌리 수가 없었으므로 돈이 아쉬우면 싫든 좋든 스님을 찾아 갈 수밖에 없었다.

그러던 어느 해 여름, 한 청년이 스님에게 돈을 갚기 위해 암자를 찾았다.

마침 스님은 낮잠을 자고 있었으므로 단잠을 깨우기가 싫어서 깨어날 때까지 기다리기로 하였다.

그때, 암자의 이곳저곳을 둘러보던 청년의 눈에 뱀 한 마리가 들어왔다.

마루 밑 댓돌에서 대문까지 가지런하게 놓인 디딤돌 중 세 번째 돌 위에 올라앉은 뱀은 자꾸만 자신이 또아리를 틀고 앉은 돌 밑을 쳐다보는 것이었다.

'심심하던 차에 잘 만났다.'

청년은 콩알만한 왕모래를 주워 뱀을 향해 '톡' 던졌다.

그런데 뱀은 왕모래를 맞고서도 꼼짝하지 않았다.

'이상하다, 어째서 꼼짝을 하지 않지?'

청년은 '어디보자' 하면서 굵직한 돌을 주워 힘껏 뱀을 향해 던졌고 돌은 정확히 뱀의 머리에 맞았다. 바로 그 순간, 방에서 낮잠을 자고 있던 스님이 비명을 질렀다.

"아이쿠!"

스님의 비명소리에 놀란 청년이 소리쳤다.

"스님! 왜 그러십니까?"

"어, 자네 왔는가? 어떻게 왔는가?"

어리둥절해 하는 스님의 이마에는 시뻘건 피멍이 맺혀있었다.

'아 이것이 웬 조화지? 내가 던진 돌은 분명히 뱀의 이마를 맞췄는데 어째서 스님의 이마에 피멍이 든 것일까?'

얼른 디딤돌을 돌아보니 뱀은 자취도 없었다.

청년은 스님에게 빌린 돈을 갚고 넌지시 물었다.

"스님은 돈이 많으시지요?"

"나한테 무슨 돈이 있겠는가. 돈 없네."

"그래도 마을사람들 모두가 스님께 돈을 빌려쓰잖아요?"

"이 사람한테 돈을 받아 저 사람에게 주고, 저 사람한테 돈을 받아 이 사람에게 주는 거지. 내게 무슨 돈이 있나."

"스님, 저는 스님께서 돈을 감추어 놓으신 곳을 알 것 같습니다. 저기 세 번째 디딤돌 밑에 감추어 놓으셨지요?"

순간, 스님은 얼굴색이 파랗게 변하면서 소리쳤다.

"이놈! 네가 그것을 어떻게 알았느냐?"

청년은 차분하게 말했다.

"스님 부디 조심하십시오. 스님의 육신은 방안에서 코를 골며 주무시고 있었지만, 스님의 정신은 뱀이 되어 돈을 지키고 있었습니다. 제가 여기에 온 지 한 시간 가량 되었는데, 언제부턴가 저 세 번째 디딤돌 위에 뱀이 올라앉아 자꾸만 돌 밑을 살피고 있었습니다. 무료하던 차에 왕모래를 집어던졌는데 맞고도 까딱하지 않기에 이상한 생각이 들어 굵은 돌을 주워 힘껏 던져보았지요."

청년은 계속 말을 이어갔다.

"돌은 뱀의 이마에 맞았는데 비명은 왜 스님이 질렀습니까? 지금 스님의 이마에 왜 피멍이 들었습니까? 스님, 잘 생각해 보십시오. 스님의 몸뚱이는 방에 들었지만 스님의 정신은 벌써 다음 몸뚱이가 되어 디딤돌 밑에 있는 돈을 지키고 있었던 것이 아닙니까?"

이 일이 있고 보름 정도 지났을 때, 스님은 감추어 놓았던 돈을 모두 파내어 가난한 마을사람들에게 골고루 나누어주었다.

그리고 돈을 빌려줄 때 받은 문서들은 모두 태운 다음, 어디론지 멀리 떠나버렸다.

〈불설삼세인과경〉에 '만약 전생일을 묻는다면 금생에 받고 있는 것이 바로 그것이요 만약 후세의 일을 묻는다면 금생에 짓고 있는 것이 바로 그것이니라'고 하였다.

오늘날의 나는 전생에 지은 업으로 이루어져 있고 오늘날 짓고 있는 업으로 다음 생이 결정된다.

정산종사는 제자들에게 '형상없는 마음이나 천지 기운은 보이지 않는 가운데 크게 작용하고 있음을 알아서 운심처사(運心處事)에 신중을 기하라' 하였다.

사람이 깊은 집착이나 원한이 있으면 현재의 몸이 다하기도 전에 다음 생의 몸이 생기기도 한다고 했다. 그 얼마나 무서운 일인가.

개(犬)로 태어난 어머니

한 노파가 죽어서 염라대왕 앞에 끌려 나왔다.

그녀의 옷은 다 해져서 누더기 같았고, 하얀 머리카락은 빗질을 하지 않아서 보기 흉하게 헝클어져 있었다. 눈에는 눈곱이 끼어 있고 얼굴과 손발은 가죽만 남은 것으로 보아 전생에 고생만 죽도록 하다가 끌려온 것이 분명했다.

그래도 젊어서는 한때 재미있게 산 때가 있었으리라 생각하고 염라대왕은 좀 짓궂게 물었다.

"그래, 너는 인간 세상에서 꿀같이 단 재미를 얼마나 맛보았느냐? 어디 그 재미있는 얘기나 들어보자꾸나. "

노파는 조용히 고개를 들며 입을 열었다.

"황송하오나 쇤네에게는 들려드릴 만큼 재미있는 이야기가 없사옵니다."

"뭐? 너는 어디서 어떻게 살다온 물건이기에 재미있는 얘기가 없단 말이냐?"

염라대왕은 험상궂은 얼굴을 잔뜩 찌푸리며 화가 벌컥 나서 소리질렀다.

"예, 쇤네는 신라 땅에서 살다가 온 줄로 아뢰옵니다."

"애, 애, 그 아뢴다는 말은 하지마라. 너에겐 어울리지가 않는다."

"황송합니다."

"그래, 신라 땅이라니, 그 넓은 신라 땅 어디란 말이냐?"

"예, 경주라는 고을이옵니다."

"무엇을 하면서 평생을 살았느냐? 자세히 아뢰어라."

"예, 분부대로 아뢰겠나이다."

노파는 연신 머리를 조아리며 얘기했다.

"쇤네는 일찍 남편을 여의고 어린 아들녀석 하나와 딸자식 하나를 키우느라 한평생을 죽도록 일만 했사옵니다."

"그래, 넌 새 남편을 얻지는 않았느냐?"

대왕은 음흉스럽고 짓궂은 표정을 지으며 재미있다는 듯이 물었다.

이 말에 노파는 얼굴이 약간 붉어졌다.

"부끄럽사옵니다."

"하 하 하, 그래, 아들딸을 다 키우고 나선 뭘 했느냐?"

"시집 장가를 보내 놓고도 줄곧 집에만 붙어 있었으므로 세상의 재미있는 일들은 통 모르옵니다."

염라대왕은 싱겁다는 듯이 좌우를 한바퀴 둘러보더니 신파적으로 한 마디를 더 건넸다.

"그래 죽도록 집에만 있었단 말이냐?"

"그렇사옵니다. 늙어서도 줄곧 집만 지키고 있었으니 쇤네는 꼭 방귀신이나 다름없었습니다."

"뭐! 방귀신? 망측한 늙은이 같으니, 주둥이가 더럽구나."

염라대왕은 귀신이란 말을 몹시도 싫어했다.

대왕은 방귀신이라는 말에 화가 머리끝까지 나서 얼굴이 빨개지고 턱수염을 부들부들 떨면서 소리쳤다.

"여봐라, 당장 이 늙은 년을 끌어내라!"

"예이~"

"이 늙은이는 주둥이가 더럽고 또 전생에서도 집만 지켰다 하니 강아지가 되어 제 아들집이나 지키게 해라!"

"예~"

이승에 있는 노파의 아들인 성(成)씨 집에서는 암캐 한 마리를 기르고 있었는데 갑자기 배가 불러지더니 금방 한 마리의 새끼를 낳았다.

　성씨 내외는 갑자기 개가 새끼를 낳은 것이 이상했으나 강아지가 어찌나 털이 곱고 예쁘게 생겼는지 몹시 기뻐했다.

　"어쩌면 이렇게 꼭 한 마리만 낳았을까? 아마 이건 예사 강아지가 아닌가봐. 낳자마자 요렇게 또렷 또렷하고 예쁠 수가 있을까."

　강아지는 내외의 귀여움을 받으며 날마다 눈에 띠게 잘 자랐다. 또 클수록 어찌나 영리하던지 사람의 말귀를 못 알아듣는 것이 없었다. 그뿐아니라 도둑과 손님을 첫눈에 구별하여 어긋나는 일이 없었다.

　한 번은 대낮에 도둑이 들었다가 개가 어찌나 극성스럽게 대들었던지 혼비백산하여 신었던 짚신마저 내던지고 달아난 일도 있었다. 성씨 내외는 집을 아예 개에게 맡기다시피 하고 일을 나갔다. 그래도 아무 사고도 없었다. 동네 사람들도 그 개를 영물이라고 불렀다.

　어느 찌는 듯한 여름날이었다.

하루 종일 밭에 나가서 땀을 흘리며 일을 하고 돌아온 성씨는 갑자기 개를 잡아먹고 싶은 충동이 일어났다. 그 동안 매우 아끼며 길러온 토실토실 살이 잘 오른 개를 보니 부쩍 군침이 돌아나는 것이었다. 게다가 때는 찌는 듯한 삼복더위가 아닌가.

'개는 너무 크면 맛이 없는 법이야. 저걸 푹 삶아 놓으면 고기도 무척 야들야들 할거야. 게다가 술이나 한 잔 곁들여 마시면…'

성씨는 생각만 해도 입에 군침이 돌았다. 그래서 내일 아침에 당장 잡아야겠다고 마음먹었다. 개를 잡으면 강 건너 누이에게도, 재 너머 딸네 집에도 다리 하나씩을 보내고, 동네 친구들과 술이나 한잔 마시리라고 까지 생각했다.

그런데 자고 나자 이상한 일이 일어났다. 개가 온데 간데 없어진 것이다. 처음에는 동네 어디에 나갔으려니 생각하고 동네를 샅샅이 뒤졌으나 끝내 개는 찾지 못하고 말았다.

동네 사람들은 그 영물이 벌써 사람 마음을 알아차리고 멀리 달아났을 것이라고 수군거렸다.

성씨는 개 찾는 것을 단념하는 수밖에 없었다.

한편, 재 너머에 사는 성씨의 딸은 새벽에 일어나서 밥을 짓다가 느닷없이 들어오는 개 한 마리를 보고 깜짝 놀랐다.

자세히 보니 그것은 친정집 개인지라 반가워서 쓰다듬어 주었다.

개는 꼬리를 사리며 쭈그리고 앉아 눈물을 줄줄 흘리며 끙끙거리는 것이었다.

무엇인가 애원을 하는 듯한 모습이었다.

딸은 아무래도 이상하다고 생각하고 개에게 따뜻한 밥을 주고 마루 밑에 자리를 만들어 주었다. 그러자 개는 밥을 먹지도 않고 꼬리를 흔들며 마루 밑으로 들어가서 숨는 것이었다.

며칠 후, 성씨는 뒷마루에 드러누워 낮잠을 자다가 꿈을 꾸었다.

좀처럼 잘 보이지 않던 그의 아버지가 꿈에 나타나서 그의 정수리를 한번 호되게 주먹으로 때리는 것이었다.

"이 천하에 불효 막심한 놈아. 너는 어째서 그런 일을 저질렀단 말이냐?"

그는 어리둥절하여 물었다.

"예? 아버님, 그게 무슨 말씀입니까?"

"이놈아, 너는 어찌 네 어미를 잡아먹으려 했느냐?"

"무슨 말씀이신지 통 모르겠습니다. 아버님."

"이놈아, 네가 잡아먹으려 했던 개가 바로 네 어미란 말이다. 네 어미가 저승에 갔다가 다시 개로 환생하여 네 집에 나타났거늘, 네 어이 그것도 모르고 잡아먹으려 했느냐? 에이, 불효 막심한 놈 같으니라고. 너는 네 딸만도 못한 놈이로구나."

다시 한 번 쥐어박는 바람에 놀라서 잠이 깨었다.

잠이 깬 성씨는 무언가 마음에 짚이는 것이 있었다.

개가 태어날 때의 일이며, 그렇게 영리하고 충실하던 일이며, 말없이 사라져 버린 일이며.

'이거 큰 일을 저지를 뻔했구나.'

그는 후회 막급이었으나 어쩔 도리가 없었다.

이제는 어서 빨리 개로 변한 어머니를 찾아 모셔와야 했다.

'자, 그런데 어디로 가셨는지를 알 수가 있나'

이렇게 혼자서 궁리를 하던 그는 번쩍하고 머리를 스치는 생각이 있었다.

'너는 네 딸만도 못한 놈이다' 하던 아버님의 말씀이 생각난 것이었다.

그는 부랴부랴 건너 누이의 집으로 달려가서 꿈 얘기를 하자, 누이도 깜짝 놀라 어쩔 줄을 몰라했다.

두 사람은 같이 재 너머 딸네 집으로 달려갔다.

싸릿문을 밀치고 들어서자마자 "어머니, 어머니! 어디 계십니까?"하고 소리를 질렀다.

딸이 놀라서 뛰어 나오며 "아버님, 그게 무슨 말씀이셔요?"하고 물었다.

"어머님, 아니 네 할머님 말이다. 어디에 계시냐? 어머니!"

그는 미친 사람처럼 울부짖으며 이리저리 찾아다니다가 마루 밑에서 개를 발견했다.

"아, 어머니, 여기 계셨군요. 제가 잘못했습니다. 죽을 죄를 지었습니다"하고, 울어대자 개도 천천히 마루 밑에서 기어나와 눈물을 흘리며 꼬리를 흔드는 것이었다.

성씨가 개와의 해후를 반기는 동안 고모에게서 이야기를 들은 딸도 또한 놀랐다.

성씨는 개를 소중히 품에 안고서 집으로 돌아와서 방에 모시고 절을 하며 말했다.

"어머님, 잘 오셨습니다. 전생에 못다 바친 효성을 이제부터라도 극진히 해 모시겠습니다. 좋은 음식도 해 드리고, 제 등에 업혀서 팔도 유람도 하러 다니십시다."

이렇게 해서 개를 등에 업고 팔도강산을 유랑하는 성씨의 진기한 행각이 벌어졌다.

이름난 명승고적, 소문난 절경을 하나도 빼놓지 않고 두루 돌아다니며 개에게 구경을 시켰다.

몇 년 후, 이제는 거의 모든 곳을 다 돌아다니고 지칠 대로 지쳐서 개를 업고 고향으로 돌아오게 되었다.

성씨는 고향 땅 가까운 곳에 이르러서 잠깐 쉬기 위해 개를 내려 놓고 잠시 잠이 들었다.

잠에서 깬 성씨는 깜짝 놀랐다.

옆에 내려 놓았던 개가 없어져 버린 것이다.

성씨는 벌떡 일어나서 사방을 두리번거리다가 그 자리에 털썩 주저 앉았다.

개는 앞발로 흙을 파서 구덩이를 만들고는 그 속에 들어가서 잠자는 듯이 죽어 있었다.

성씨는 어머니를 부르며 슬피 울다가 그 자리에 정성들여 커다란 무덤을 만들고 비석까지 세워 장사를 지냈다.

그 후로 성씨네는 날로 가운이 번창하여 몇 년 후에는 큰 부자가 되었고, 마을 사람들은 그 무덤을 '성부자(成富者)의 무덤'이라고 불렀다.

경상북도 월성군 내남면 이조리(伊助里)에는 지금도 그 무덤이 있다. 그리고 이곳을 지나는 사람들은 어머니의 사랑과 그 아들 성씨의 지극한 효성에 찬사를 아끼지 않는다.

다람쥐 쳇바퀴 돌 듯 우리의 인생은 윤회의 수레바퀴를 돌고 돈다.

소태산 대종사는 '염라국이 다른데 있는 것이 아니라 곧 자기집 울타리 안이며 명부사자가 다른 이가 아니라 곧 자기의 권속이니, 어찌하여 그런가 하면 보통 사람은 이생에 얽힌 권속의 사랑으로 인하여 몸이 죽는 날에 영이 멀리 뜨지 못하고 도로 자기집 울 안에 떨어져서 사람으로 태어날 기회가 없으면 혹은 그 집의 가축도 되며 혹은 그 집안에 곤충류의 몸을 받기도 한다'고 했다.

업보로 인하여 그 집의 가축으로 태어나더라도 자손들은 한갓 가축으로 여길 수밖에. 따라서 실컷 길러서는 잡아먹든지, 내다 팔든지 하여 자기 배를 채운다. 착심이 오히려 더 큰 화를 불러 오는 것이다.

소태산 대종사는 '모든 부처님과 조사들이 착없이 가며 착없이 행하라고 권장하였다'고 했다. 욕심보다 더 무서운 것이 착심이다.

구렁이의 보은

 의정부에 살던 어떤 사람이 장마철에 떠내려가는 재목이라도 건질까 하고 강가에 나갔다. 그런데 어디서 어린애 우는 소리가 들려 주위를 살펴보니 조그만 아이가 나무토막에 매달려 떠내려오고 있었다.
 가엾은 생각에 얼른 끌어 당겨 보니, 나무토막에는 보기에도 징그러운 큰 구렁이가 칭칭 감겨 있었다.
 나무토막을 끌어내어 어린것을 떼어 안고 돌아다보니, 구렁이도 살아 난 것이 무척 좋은 듯 스르르 몸을 풀고 산을 향하여 사라져갔다.
 마침 두 내외가 사십이나 되도록 아기 하나 낳아보지 못했던 터라, 그 아이를 금지옥엽으로 곱게곱게 키웠다.
 일곱 살 먹어서 부터는 글방을 보내 제법 글줄도 알게 되고, 나이 이십이 가까워지자 이제는 장가들일 걱정을 하게 되었는데 하루는 평화로운 그 가정에 예기치 않은 풍파가 일어났다.

포도청 군관들이 찾아와서 주인을 찾기에 영감이 나갔더니 다짜고짜 묶어 끌고 갔다.

사또 앞에 끌리어 나가 문초를 받는데 죄목이란 것이 또한 엉뚱하고 황당한지라 내내 잡아 뗄 수밖에 없었다.

그랬더니 네놈이 증인이 있는데 그러느냐고 매질을 시키는데 보니, 아들놈의 친구로 늘 집에 오는 놈이요, 아들놈도 저만큼 서 있었다.

'세상에 이럴수가 있나? 돈 쓰는 게 좀 헤프기에 나무란 일밖에 없는데, 이놈들이 그것에 앙심을 먹고, 날 죽을 구멍에 몰아넣어 재산을 탐낼 줄이야.'

영감은 그만 천지가 깜깜하였다. 모진 매질 끝에 옥으로 끌려 내려가 갇혀서 생각해 보니 한심한 일이었다.

그런데 밤중이 되어 곁이 선뜻하기에 보니 구렁이었다.

그때 구해 준 그 구렁이었다.

"아앗!"

놀라 뒤로 물러나는데, 뱀은 잽싸게 허벅다리를 덥석 물고는 스르르 창살 사이로 사라져 버렸다.

'설상가상으로 원 세상에 이럴 수가 있나? 이놈마저 일부러 찾아와 괴롭히다니.'

그런데 물린 자리에서부터 붓기 시작한 것이 전신이 북통같이 부어 팔다리를 굽고 펴지도 못하고 얼굴마저 눈을 뜰 수 없을 만큼 무섭게 부어 올랐다.

'이젠 속절없이 죽었구나!'

그러고 있으려니 또 옆구리가 선뜻했다.

보니까 역시 그놈의 구렁이었다.

그런데 뱀은 이상한 풀을 한아름 뜯어다 앞에다 놓고는 무언가 무척 말하고 싶은 눈초리로 자꾸만 쳐다 보다, 천천히 그 자리를 떠났다.

'이상도 하다?'

영감은 야릇하게도 마음에 끌리어 그 풀을 집어서 구렁이에게 물린 자리를 문질러 보았다.

그랬더니 정말 신기한 일이 일어났다. 부은 곳이 차츰 가라앉는 것이었다.

달리 할 일이 있는 것도 아니라 풀잎을 이겨서 상처를 감싸고, 얼마만에 다시 새 것을 붙이고 이렇게 밤새 했더니, 이튿날 새벽엔 언제 그랬던가 싶게 깨끗이 나았다. 약풀은 아직도 많이 남았다.

그런데 바깥이 술렁술렁했다.

원님이 간밤에 뱀에게 물려 전신이 복통같이 부었는데 의원을 불러 대도 처방을 아는 이가 없다는 것이다.

점심때가 되니, 원님은 아침보다도 갑절이나 더 부어 올랐다.

마침내 "누구든 이 병만 고쳐 주면 어떤 소원이라고 한 가지만은 들어주겠다"는 포고가 나돌았다.

영감은 그제야 마음에 느끼는 바가 있어 쓰다 남은 약풀을 챙겼다.

사형이 확정되어 시간만 기다리는 죄인이라도, 원님 병을 고치겠다는 데는 마다할 여유가 없었다.

잠시 후 그는 원님 곁에 앉아 약풀을 이겼다. 상처에다 붙이고, 다시 갈아 붙이고, 얼마 만에 원님은 사람을 알아보았다.

"너는 엊그제 그 죄수가 아니냐?"

"예, 그러하옵니다."

둘은 밤새 도란도란 다정하게 지난 일을 얘기하고 치료를 받았다. 원님은 물론 아침이 되기 전에 거뜬하게 나았다.

다시 좌석을 차린 원님은 영감의 아들과 친구 놈을 잡아들여 엄한 벌을 내리고 영감은 누명을 벗고 집에 돌아왔다.

그러기에 너무 복에 없는 자식을 바라지 말라는 얘기인지도 모른다.

머리를 하늘로 두고 머리털이 까만 것을 인간이라고 한다.

은혜를 가장 잘 알고 보은하는 것도 사람이지만 은혜를 저버리기도 제일인 것이다.

개는 밥 한끼니 준 은혜를 삼 년간 잊지 않는다 하고, 사람이 징그럽다고 하는 뱀도 생명을 살려준 은혜를 잊지 않는다.

사람들은 뱀을 보고 징그럽다고 한다. 그러면 뱀은 사람을 보고 무엇이라고 할까?

구렁이가 된 욕심장이

 전라도 영암군 금정면 연소리에 늙은 부부가 살고 있었다. 그런데 이들 부부 사이에는 자식이 없었다.
 "여보, 제 죄가 큽니다. 새 부인을 얻어 대를 잇도록 하세요."
 시집 온지 3년이 지나도 태기가 없자 부인은 남편에게 새 장가 들기를 권했다. 그러나 남편은 그럴 때마다 오히려 부인을 위로하는 것이었다.
 "하늘의 뜻이니 어쩔 수 있겠소. 좀 더 기다려 봅시다."
 부인은 남편이 눈시울이 뜨겁도록 고맙게 여겨졌다. 남편은 자식을 낳기 위해 용하다는 의원을 찾아가 약을 구해와 부인과 함께 먹었다. 그러나 아무런 효험이 없었다. 부인은 부인 대로 아무도 몰래 마을 앞에 있는 당산나무 앞에 물을 떠놓고 매일 밤 빌고 또 빌었다.

"신령님 비나이다. 불쌍한 저희 부부를 어여삐 여기시고, 자식 하나 점지해 주십시오."

이렇듯 10여년 간을 빌었으나 태기가 없었다. 남편은 이제 자식 낳을 노력을 포기하기로 마음먹었다.

"여보, 부질없는 일이오, 그만 두구려."

"그래도 해보는 데까지는 해 보아야지요."

부인은 자식 낳을 일을 포기하지 않았다.

때마침 그 부부의 집에 시주승이 왔다가 이 말을 듣고 딱하게 여기었다.

"쯧 쯧, 안됐소이다."

"스님, 방법이 없겠습니까? 제발 저희들이 자식을 갖도록 해주십시오."

스님은 우두커니 서 있다가 늙은 부부가 조르는 바람에 마지못해 이야기를 꺼내었다.

"옛날에 아주 훌륭한 절이었던 쌍계사가 지금은 허물어지고 말았소. 그러니 그 절을 새로 짓고, 일년 동안 불공을 드리면 가능할 것이오."

늙은 부부는 정성을 다해 불공을 드렸다. 그런데 1년이 되는 날 밤, 온후한 미소를 지으며 나타난 부처님이 "너희들의 정성이 갸륵하구나, 업보에 따라 자식을 얻게 될 것이다."

그 뒤 부인은 태기가 있었다.

"부처님, 감사합니다. 감사합니다."

늙은 부부는 너무나 기쁜 나머지 눈물을 주르르 흘렸다. 시간이 흘러 부인은 아기를 낳게 되었다.

그런데, 이게 웬일인가? 늙은 부부는 한꺼번에 세 아들을 얻었던 것입니다. 세 쌍둥이는 사랑을 받으며 무럭무럭 자랐다.

그들이 자라 과거를 볼 나이에 이르렀을 때, "충분하지는 못하니 방 하나 얻어 자취하며, 과거 날을 기다리도록 하여라"며 노자돈을 주었다.

노자를 받아 서울로 올라온 세 쌍둥이는 집을 구해 과거시험 준비에 바빴다.

세 쌍둥이는 한 달씩 번갈아 가며 밥을 짓기로 했다.

첫 번째 한 달은 큰 형이 밥을 했다. 큰 형은 세 개의 밥그릇에 똑 같은 양의 밥을 담아 서로 나누어 먹었다.

둘째 달에는 둘째가 밥을 지었다. 그런데 둘째는 욕심이 너무 많았다. 그래서 밥을 담을 때 자기 밥 그릇에 밥을 주걱으로 꼭꼭 눌러 많이 담고는 두 형제의 밥은 조금씩 담았다.

그 다음에 셋째는 욕심이 없고 마음이 착해 형들의 밥은 꼭꼭 눌러 많이 담고 자기 밥은 조금 담았다.

이렇게 번갈아 가며 생활하다가 과거 시험에 응시했는데 웬일인지 모두 번번히 낙방하고 말았다.

"우리 각기 헤어져 떠나자. 지금부터 10년 후 각자 성공해서 만나자."

그리고 10년이 흘렀다. 세 쌍둥이 형제가 만날 날이 돌아온 것이었다.

큰형과 막내가 먼저 도착했다. 두 형제는 서로 얼싸안고 기뻐했다.

"형님, 그간 어떻게 지내셨는지요."

서로의 안부를 묻고 지난 과거를 이야기하며 둘째가 돌아오기를 기다렸다.

첫째는 형제들과 헤어진 바로 1년 뒤 장원급제하여 여러 고을원님을 지내다가 벼슬이 높아져 판서를 하고 있었다.

그리고 막내는 훌륭한 도사를 만나 10년 동안 그 밑에서 무술과 신통술을 배웠다.

두 형제가 한참동안 서로의 지난 이야기를 나누느라고 시간 가는 줄 모르고 있을 때, 구렁이 한 마리가 어슬렁 어슬렁 기어오는 것이었다. 구렁이는 두형제 곁에 다가오자 눈물을 뚝뚝 흘렸다.

'아니, 이럴 수가!'

두 형제는 무척 놀랐다. 그리고 순간적으로 구렁이가 둘째의 넋이라는 직감을 가졌다.

막내는 구렁이가 둘째 형인지를 알아보기 위해 신통술을 부려 사과나무에 사과가 주렁주렁 열리게 하였다.

그러자, 구렁이는 사과나무에 기어오르더니 가장 큰 열매만 골라 따먹기 시작하는 것이었다. 두 형제는 평소에 욕심이 많던 둘째가 죽어서 구렁이가 됐다고 짐작을 하고, 안타까워하며 눈물을 흘렸다.

지금도 이곳은 세 형제가 만난 곳에 둘째가 구렁이로 변해 나타났다하여 엄재고개로 불리다가, 엄재가 덤재로 바뀌어서 불리어 오고 있다.

욕심이 많은 사람이 죽어서 그 욕심으로 인해 구렁이의 몸을 받고서도 욕심에 사로 잡혀 살아가니 그 업보가 실로 무겁다.

　세상 사람들은 욕심을 발하기는 하지만, 욕심 이룰 방도를 모른다. 그래서 눈앞의 욕심에만 급급하여 큰 것을 이루지 못하고, 심지어 대사를 그르치기도 한다. 진정 큰 욕심은 마음을 비울 때 이루어지는 것을.

　소태산 대종사는 '욕심을 없앨 것이 아니라 도리어 키우라. 작은 욕심을 큰 서원으로 돌려 마음이 거기에 전일하면 작은 욕심들은 자연 잠잘 것이다"고 하였다.

눈 속에 버린 아이를 개가 품어 살려

충청북도 청주시 이언면 동리에 이도성(李道成)이란 사람이 살았다.

그는 본처에게 아들이 없어 젊은 첩을 얻었는데 뜻밖에도 첩을 두자 본처에게서 옥동자를 낳았다.

그러나 첩에게는 아무 기척이 없을 뿐 아니라 시기질투가 심하여서 항상 본처에게서 낳은 어린 것을 그다지 곱게 보지 않았다. 또 남편도 차차 본처를 가까이 하는 것을 보고는 마음에 심술이 생겨 무엇인가 죄를 저질러 보리라 생각하였다.

그러다 눈 내리는 어느 겨울 삼동 12월26일, 동네 어느 부인의 환갑날인데 낮에는 남자손님을 청해서 잔치를 하고 밤에는 동리 여자손을 청하여 재미있게 놀자고 하였다.

이때 이도성의 본처 이성녀는 어린 아이에게 젖을 먹여 재워두고 환갑잔치 집에 갔다. 곧 돌아 온다한 것이 흥겨움에 젖어 새벽녘이 되도록 놀았다. 날이 샐 무렵에야 집에 돌아와 보니 방에 눕혀 놓았던 어린 아이가 포대기에 쌓인 채 없어졌다.

밤에 눈은 수북하게 내렸는데, 범이 왔었는가? 이거 웬일인가! 온 집안을 찾아보아도 어린 아이가 없어 집안은 야단이 났다. 울어도 불러도 아이는 찾을 수 없으니 큰일이었다.

그런 사이에 먼동이 터 날이 새었는데, 집에 기르던 개가 등에 눈을 뒤집어쓰고 밖에서 들어오더니 이성녀의 치마자락을 물어 당기며 나가자는 시늉을 했다.

'어라, 이놈의 개야! 개조차 야단을 떠는구나' 하고 쫓으니, 개는 밖으로 나갔다가 다시 돌아와서 치마자락을 물어 당겼다. 이를 이상히 여겨 따라나서니, 개는 앞장을 서 얼른 따라오라는 듯한 표정으로 동리 뒷산을 올라갔다. 그런데 개를 따르며 땅을 내려본즉 얼마나 그 길을 다녔던지 눈 위에 개발자국이 확연했다.

'무슨 까닭이 있구나' 하고 급히 따라가 보니, 산골짝 한적한 곳에 어린 아이가 포대기에 쌓여 눈을 말똥말똥하게 뜬 채 누워 있었다. 개가 밤새껏 아이를 따습게 품고 있다가 집에 와서 보아도 이성녀가 없으니 다시 쫓아가서 품어주고, 이렇게 해서 밤을 새우고 아침에 기별하러 왔던 것이다.

1936년 2월 24일 동아일보에 발표되었던 내용이다.

이 일은 질투에 의해서 빚어진 것으로 밝혀져, 첩은 살인미수죄로 감옥생활을 하게 되었다.

잠깐 사이에 한 생각이 잘못 들어서 일생 신세를 망치게 된 사건을 잘 이야기해 주고 있다. 또 개와 같은 짐승도 밥 먹여 길러 준 은공을 이렇게 갚아준다는 이야기도 함께 담고 있다.

전라도 오수에서는 술에 취해 언덕에서 잠이 든 주인을 살리기 위해 개가 몸에 물을 묻혀와 불을 끄고, 자신은 희생됐다는 이야기가 전해 내려오고 있다. 그래서 오수(獒樹)라는 지명(地名)이 생겼고, 매년 충견의 넋을 기리는 추모재가 지금도 열리고 있다.

또 옛날 오나라에서도 이신순이란 사람이 술에 취해 산에서 잠이 들었는데 개가 몸에 물을 젖셔와서 불을 끄고, 그 주인을 살렸다는 보은이야기가 전해온다.

까마귀도 은혜를 갚는다 하였는데, 하물며 최령한 사람이리요!

이 진사 청법공덕

 옛날 이 진사라는 사람은 유교의 학자로서 불교를 비방하고 세속의 낙을 누리면서 살았다.
 어느 날 화전놀이를 갔다 오다가 마침 어느 절 앞에서 비를 맞아 절문에 의지하고 비를 피하는데, 절 안에서 '대방광불 화엄경, 대방광불 화엄경' 하는 경 읽는 소리가 났다. 그는 "쳇! 대방광불 화엄경이 다 뭐야"하고 빈정대다가 비가 그친 뒤에 돌아와 낮잠을 자다가, 머슴의 장작 패는 소리에 까무러쳐 온 집안 식구들이 울고 야단이 났다.
 이 진사가 식구들의 울음을 뒤로하고 어디를 가는데 무사들이 자기를 호위하였다. 거기를 벗어나 다시 한참을 가니, 신선 두 명이 바둑을 두고 다른 한 신선은 옆에서 훈수를 두고 있었다. 어찌나 보기가 좋은지 이 진사가 "나도 저런 도포를 입고 바둑이나 한판 두었으면…"하자, 흰 도포를 입은 신선이 옷을 벗어주며 "내 대신 여기서 바둑을 두라"고 하였다.

이 진사가 그 옷을 받아서 막 걸치려고 하자 별안간 공중에서 "대방광불 화엄경 한 번만 외운 사람도 축생보에 떨어지지 않는데, 너는 왜 축생의 가죽을 둘러쓰려고 하느냐?"며 꾸짖었다. 이 진사는 그 소리에 깜짝 놀라 도포를 입으려다 멈추었다.

이 진사가 다시 길을 가는데 예쁜 기생들이 노래와 춤을 추고 있었다. 그 모습이 너무도 좋아서 그들과 함께 놀려고 다가가는데 또 공중에서 "이 진사야! 대방광불 화엄경 한번만 외운 사람도 축생보에 떨어지지 않은데 너는 왜 축생의 굴속으로 들어가려고 하느냐"며 크게 꾸짖었다.

그 소리에 놀라 깨어보니, 집안 식구들이 자기 옆에 앉아 울고 있었다. 그는 황급히 머슴을 시켜 꿈에 보았던 집안 구석구석을 찾아보게 했다. 그랬더니 마루 밑에서 강아지 세 마리가 금방 태어났는데, 그 중 흰 강아지 한 마리가 죽어있었다. 또 집 뒤에서는 개구리들이 모여서 울고 있었다.

이 진사는 그 길로 출가를 단행하여 입산수도를 하였다.

그리고 부인과 자녀들이 찾아오면 산봉우리 위로 올라가 만나주지를 않았다.

그가 열심히 수도하여 깨닫고 보니 과거에 자기가 까무러쳐 제일 먼저 만난 무사들은 벌떼들이요, 바둑 두는 신선들은 강아지요, 예쁜 기생들의 노래와 춤은 개구리였다.

소태산 대종사가 제자들에게 불연의 소중함을 일깨워 주기 위해 자주 이야기하였던 예화이다.

옛말에 상전(桑田:뽕나무 밭)이 벽해(碧海:깊고 푸른바다)가 되고 벽해가 상전이 된다는 말이 있다.

준비없이 생을 마칠 때 착심이 많으면 벌떼들이 무사로, 개구리 노는 모습이 노래하고 춤추는 기생으로, 강아지가 신선으로 보인다.

'사람되기 어려운데 이미 되었고
불법듣기 어려운데 이미 듣나니

이 내 몸을 이 생에 제도 못하면
어느 생을 기다려서 제도하리요'
　　- 발분의 노래-

왕수인과 왕양명

 중국 명나라 때의 석학 왕양명은 절강성에서 태어났다. 그는 일찍이 지행합일설(知行合一說)을 창도한 달인이었다.
 왕양명은 유교뿐만 아니라 불교에도 조예가 깊었으니, 그는 달마선사의 돈오선풍이 이미 전세부터 그의 마음을 밝혔던 선승(禪僧)이었다고도 말하고 있다.
 일찍이 절강성 금산사에 금산대사라고 하는 한 스님이 계셨는데, 그는 한 마음으로 선정(禪定)공부를 하더니, 생사와 해탈을 자유자재로 할 수 있는 도력을 갖추게 되었다.
 그가 어느 날 점심 공양을 마치고 목욕갱의(沐浴更衣)한 뒤에 가사장삼을 단정히 입고 어떤 조용한 법당으로 들어가면서 안으로 문을 꼭 잠그고 그 제자들에게 일렀다.
 "이 법당 문을 절대로 열지 말라."
 그리고 들어가서는 다시 나오지 아니하였다. 그 뒤에 스님들이 궁금증이 나서 법당 문을 박차고 들어가 보고 싶었으나 그가 부탁한 바가 있어 감히 열어볼 생각을 내지 못하고 말았다.

그리하여 그 법당 문을 열지 못한지 50년이 지났는데 하루는 왕양명이 제자 백여 명을 거느리고 금산사로 봄 놀이 소풍을 왔다가 절 도량을 둘러보니 모든 것이 어딘지 모르게 낯익게 보여 전에 살던 집처럼 느껴졌다. 그런데 여러 법당의 참배를 마치고 한 법당에 이르니 문이 잠겨 있었다. 그 절 스님에게 문을 열어 달라고 하였더니 그 문은 절대로 열지 못한다고 하였다.

"왜 열 수가 없습니까?"

"옛날 도승이 들어가시면서 '이 문을 절대로 열지 말라.'는 분부가 계셔서 그렇습니다."

왕양명은 이 말을 듣고 호기심이 생겨 밖에 달린 문고리를 잡고 힘차게 당기었더니 부사의(不思議)하게도 문이 곧 열리었다. 들어가서 본즉 한 스님이 가사와 장삼을 입은 채로 가만히 입정(入定)하고 앉아 계신데, 시체가 썩지 않고 '미이라'가 되어 굳어 있었다.

그런데 왕양명은 벽상에 써 붙인 글을 보고 깜짝 놀라지 않을 수 없었다.

그 벽상에는 다음과 같은 글귀가 써 있었다.

오십 년 전의 왕수인이여!
문을 여는 사람이 문을 닫은 사람일세.
정령이 바뀌어 다시 돌아오니
비로소 선문에 무너지지 않는 불괴신이 있음을 믿겠네.
五十年前王守仁(오십년전왕수인)
開門人是閉門人(개문인시폐문인)
精靈剝落還歸復(정령박락환귀부)
如信禪門不壞身(여신선문불괴신)

이 법당 문이 열렸다는 말을 듣고 대중스님들은 대종을 치고서 몰려들어 돌아가신 선사 육신에게 예배를 하였다. 그리고 왕양명의 제자들도 모여 들어와 절을 하였다.
대중스님들이 물었다.

"선생님께서는 무슨 뜻으로 이 법당의 문을 열었습니까?"

"이 벽상에 써 붙인 글을 보시오, 내가 잠근 문이니 내가 열 수 밖에 도리가 없지 않겠소."

그래서 대중은 그가 과거 금산대사의 후신임을 알고 다시금 예배하고 그제야 알고 보니 유가에서 유명한 왕양명 선생임을 알게 되었다.

소태산 대종사께서 제자들에게 깊이 연구하여 보라 하시던 옛 공안이 있다.

"위산선사가 제자에게 말씀하시길 '내가 죽은 뒤에 이 아래 동구 뉘집에 가서 소가 되어 그 오른쪽 뿔에 「위산모(山某)」라 각하였을 터이니, 그 때에 너희가 그 소를 보고 「위산」이라고 하여야 옳을까? 「소」라 하여야 옳을까?' 하였으니 어찌 하여야 옳을는지 연구할 사(事)"

나는 누구인가.

전생의 나는 누구 였을까? 무엇을 보고 참 나라 하는가?

왕양명과 왕수인의 관계는! 이 일화를 통하여 자신을 깊이 돌아 볼 수 있는 시간을 가져 보자.

인색함의 결과

 일제시대, 경북 경산에 김해생이라는 만석꾼이 살고 있었다.
 그는 얼마나 노랭이였든지
 어쩌다 밥그릇에 보리보다 쌀이 더 많으면 집안 식구 모두를 불러놓고 호통을 쳤다.
 "왜 보리밥을 안 해먹는 거야? 쌀밥만 해먹으면 집안 망한다. 집안 망해!"
 식구들은 하는 수 없이 밥을 지을 때
 보리쌀 한 사발을 따로 솥 밑에 앉혀 노인에게만 꽁보리밥을 주고, 그들은 쌀밥을 먹었다.
 결국 그 집안에서 보리밥을 먹고 살았던 사람은 김해생뿐이었다.
 그는 돈을 움켜쥐고만 살 뿐 쓸 줄을 몰라 부인에게도 절대 돈을 주는 법이 없었다.

아무리 졸라도 돈을 주지 않자.

아내는 장독대에 정화수를 떠놓고 빌기까지 하였다.

"우리 영감, 돈 좀 주게 해 주십시오. 돈 좀 주게 해주십시오."

그렇지만 이러한 기도도 김해생에게는 통하지 않았다.

김해생은 늘 무언가를 중얼거리며 다녔는데, 그 말을 자세히 들어보면 모두가 재물에 관한 것 뿐이었다.

"저 건너 대추나뭇골 김생원에게 쌀 한 가마니를 빌려주었으니, 추수가 끝나면 한 가마니 반을 받아야 한다.

샘골 박노인에게는 소작료로 나락 열 섬을 받아야 한다....."

매일 매시간을 재물의 노예가 되어 살아온 그에게도 피해갈 수 없는 것은 죽음이었다.

자신이 며칠을 넘기지 못할 것을 알게 된 김해생은 저승에서도 돈이 있어야 큰 소리치며 살 수 있다고 생각하여 평생 모은 돈을 가지고 가기로 결심하였다.

죽는 순간 그는 식구들을 모두 물리친 채 문갑 속에서 100원짜리 지폐 300장을 꺼내어 두 뭉치는 양손에 쥐고 한 뭉치는 입에 꽉 문 체 세상을 떠났다.

당시에 100원이면 매우 큰 돈이어서 보통 사람은 평생 100원짜리 한번 만져보지 못한 채 죽는 경우가 대부분이었는데, 김해생은 3만원이라는 거금을 저승길로 가져가고자 했던 것이다.

자식들은 아버지의 돈을 빼내려 했지만 워낙 세게 쥐고, 물고 있어서 뺄 수가 없자 시신을 향해 사정을 했다.

"아버님, 돈 주십시오.

돈을 주셔야 장사를 치르지요.

이제 그만 돈을 놓으세요."

그러나 죽은 노인은 쥔 돈을 놓을 줄 몰랐다.

그럭저럭 7일장을 마치고 장지로 가야 할 시간이 되자 식구들은 결론을 내렸다.

"억지라도 돈을 뺏어야지, 돈까지 묻을 수는 없다."

하지만 완전히 굳어진 손과 입은 꼼짝을 하지 않았다.

아무리 손을 펴고 입을 벌리려 해도 소용이 없었다.

할 수 없이 망치로 손가락 하나하나를 부러뜨리고 이빨을 모두 뽑은 다음에서야 돈을 빼낼 수 있었다.

믿어야 할지, 그저 웃어 넘겨야 할지. 끔찍한 이야기이다.
그러나 실화이다.
욕심이 지나쳐 집착이 되어 버린 것이다.
빈 몸으로 왔기에 빈 몸으로 갈 수밖에 없다. 무엇을 가져 갈 것인가. 명예도 권력도 사랑하는 사람도 돈도 모두가 참으로 내 것이 아니고 참으로 내 것이 아니기에 가져 갈 수 있는 것이 아니지 않는가?.
옛적에 부자가 죽으면서 자식들에게 유언을 했다.
"내가 죽어 시신을 장지로 옮길 때 두 손을 반드시 상여 밖으로 나오게 하라."
부자의 유언에는 무엇이 담겨 있을까.
'자 보아라
나는 돈도 많고 집도 크고 권속들도 많지만 오늘 나 홀로

간다.

　부디 허망하고 물거품 같은 물질에 현혹되지 말라.

　인생을 참되고 값어치 있게 살라.' 는 뜻이 아니었을까?

세 사람의 천사

생전에 나쁜 일을 많이 하다가
죽어서 지옥에 떨어진 죄인에게 염라대왕이 물었다.
"너는 어찌 그리 탐욕스럽고 이기적인 인생을 살아왔느냐! 네가 인간 세상에 있을 때 세 사람의 천사를 만나지 못하였더냐?"
"대왕님, 제가 그런 훌륭한 분들을 만났다며 왜 생전에 뉘우치고 회개하지 못하였겠나이까."
"그렇다면 주름이 많고 허리가 구부러지고 기운이 없어 걸음과 말씨도 느린 사람을 못보았느냐?"
"그런 노인이라면 얼마든지 보았습지요."
"너는 그 천사를 만나고서도
'나도 언젠가는 저렇게 늙어갈테니 서둘러 선행을 쌓아야 겠구나' 하는 생각을 하지 않아 오늘의 이 업(業)을 받게 된 것이다.

"너는 또한 혼자서 일어서지도 걷지도 못한 채 누워서 앓고 있는 측은한 이를 보지 못하였더냐?"

"그런 병자라면 수도 없이 보았습니다."

"너는 그 천사를 만나고서도 언젠가는 너 자신도 병들게 된다는 것을 생각하지 못한 채 눈 앞의 탐욕에만 집착한 어리석음으로 지옥에 오게 된 것이다.

"마지막으로 너는 네 주위에서 호흡이 끊어진 채 무덤 속으로 들어가는 사람들을 보지 못하였더냐?"

"죽은 사람이라면 무수히 보았습니다."

"너는 죽음을 경고하는 천사를 만났으면서도 스스로 돌아보고 반성하는 일을 게을리 하였기에 이 업을 받게 된 것이다. 자기가 지은 업의 인과응보를 대신해 주는 이는 없느니라."

사람이 살아가는 가운데 행복도 불행도 죽음도 경고해 주는 무수한 천사들을 만나고 있지만 자신만은 영원할 것처럼 자신을 깊이 되돌아 보고 참회하는 마음없이 살아가고 있다.

그러나 어느 날 문득 돌아볼때는 천사들을 저만치 떠나 보낸 뒤에 아쉬움을 짓기도 한다.

어떤 젊은 청년이 염라대왕에 불려갔다.
일생의 업적을 평가받는 자리에서 청년이 억울한 마음이 생겨 염라대왕에게 항의를 하였다.
"이렇게 일찍 데려 오려면 예고장이라도 하나 보내야지 갑자기 부르면 어쩌라는 것입니까?"
염라대왕이 청년에게 물었다.
"너희 마을에는 가을도 없더냐 너희 마을에는 병든사람 죽는 사람도 없더냐. 권세를 부리다 잃은 사람 부자로 살다가 가난해진 사람도 없더냐? 그것이 다 나의 예고장이었다."

우리는 예고장을 받아 놓고 예고장이 아니라고 부정하지는 않는지 생각해 볼 일이다.

소로 태어난 노파

석가모니 부처님 재세시(在世時)의 일이다.

하루는 왕사성 밖에서 괴사(怪事)가 발생했다. 태어난지 일년도 안 된 암송아지의 뿔에 치어 어떤 상인이 죽은 것이었다.

사람을 죽인 송아지를 기를 수는 없는 일이었다. 송아지 주인은 그 송아지를 팔아버리려고 내놓게 되었다. 그러나 누구도 선뜻 사겠다고 나서는 사람이 없었다.

그런데 한 장사꾼이 와서 싼 값으로 팔면 사겠다는 말을 하는 것이었다. 소 주인은 이때다 싶어 주는 대로 돈을 받고 팔아버렸다.

송아지를 사서 끌고 가던 장사꾼은 마침 목이 말라서 송아지를 길가에 매어 놓고 우물가로 갔다. 그가 물을 마시려는 찰나에 송아지가 갑자기 비호같이 달려와서 새로 소를 사가던 사람마저 뿔로 받아 죽여버리고 말았다. 그의 권속들이 그 송아지를 잡아 죽인 다음 가죽을 벗기고 사지를 잘라서 팔게 되었다. 그러나 고기를 사가는 사람은 있었으나 소머리를 사겠다는 사람은 없었다. 그런데 마침 한 상인이 지나가다가 그 소머리를 역시 헐값에 팔면 사겠다는 말을 하는 것이었다.

  소머리를 산 상인은 새끼줄로 그것을 얽어서 등에 지고 가다가 피곤하여 소머리를 나뭇가지에 걸어 놓고는 그 밑에 앉아 잠시 쉬고 있었다. 이때 나뭇가지에 묶어 놓은 새끼줄이 풀리면서 소머리가 떨어져 쉬고 있던 사람의 머리를 치니 그는 그만 뇌진탕을 일으켜 그 자리에서 즉사하고 말았다.

  결국 송아지 한 마리가 사람의 목숨을 셋씩이나 빼앗은 셈이었다. 일대 괴사가 아닐 수 없었다. 나라의 임금도 이를 괴이한 일이라 여겨 의문을 풀어보려고 세존께 행차하게 되었다.

"세존이시여, 듣건대 성중에서 송아지 한 마리가 세 사람의 목숨을 앗아간 괴사가 발생하였는데 이는 어찌된 영문입니까?"

세존께서 말씀하셨다.

"그 송아지와 세 상인에 대한 과거사를 알고 나면 쉽게 의문이 풀리실 것입니다."

세존께서 들려주신 그들의 전생담은 다음과 같은 것이었다.

송아지에 받쳐 죽은 세 사람의 상인은 전생에 3인이 한패가 되어 시골로 돌아다니며 장사를 하던 장돌뱅이들이었다. 그러나 그들은 마음을 불한당 같은 사람들이었다.

어느 날 그들은 장사를 다니다가 날이 저물었을 때 여관을 찾아도 없고 주막도 역시 없고 하여 한 노파의 집에 가서 사정 이야기를 하게 되었다.

"하룻밤만 재워 주시면 후한 사례를 할 터이니 허락해 주십시오."

노파는 집도 좁고 누추함을 핑계로 거절하였지만 사정도 딱하고 또 내심으로 푼돈이나 만져 볼 욕심이 들어 마침내 그들의 숙박을 허락하게 되었다. 노파는 그들을 위하여 침구도 마련하고 먹을 음식도 구해다 정성껏 대접하였다. 그들은 식사를 잘 대접받고 잠도 편히 자게 되었다.

그런데 다음 날 아침이 되자 돈을 내기 싫어진 그들은 노파가 잠시 자리를 비운 틈을 타 뺑소니를 치고 말았다. 이에 분을 참지 못한 노파는 기를 쓰고 뒤따라가 그들의 행방을 찾아 낸 다음 따지고 들었다.

"숙식비를 내고 가시오. 남의 집에서 잠자고 밥까지 먹고 나서 인사도 없이 그냥 가는 법이 어디에 있단 말이오!"

하지만 그들은 숙박비를 주기는커녕 오히려 큰소리를 치기 시작했다.

"이 노파가 망령이 들었나, 우리가 떠나 올 때 노파가 불쌍하기에 후하게 대우하여 한 사람에 열 냥씩 거두어 내고 깍듯이 인사말까지 하고 왔는데 무슨 돈을 또 내라는 것이오!"

노파는 기가 막혔다.

"이 날강도놈들아, 언제 너희들이 나에게 돈을 주었단 말이냐? 30냥은 고사하고 서푼도 받은 적이 없다."

노파는 외로운 처지라 어떻게 할 도리가 없어 돌아오면서 치밀어 오르는 분을 이기지 못해 그들을 저주 했다.

"내가 지금은 너희 놈들을 어떻게 할 수 없지만 다음 생에는 반드시 이 원한을 풀고 말 것이다.

축생이 되어서라도 너희 놈들을 꼭 모두 죽이고 말 것이다."

세존께서 다시 말씀하셨다.

"그때 그 노파가 바로 오늘 저 암소입니다.

소한테 떠받쳐 죽은 세 사람은 숙식비를 떼먹고 달아난 그때의 장사치들입니다."

〈법구비유경〉에 나오는 내용이다.

원한 맺힌 저주가 얼마나 끔찍한 결과를 초래하는가를 생각케 한다.

따라서 인과를 아는 사람이라면 함부로 상대방을 대하지 않는다. 몸과 입과 마음을 늘 조심히 하여 죄 짓는 일에 주의하고, 남의 마음 상할 일을 두려워한다.

자신도 모르게 현생에서 받고 있는 업보를 어떻게 하여야 하는가. 이 죄업을 멸할 수 있는 방법은 진참회하고 선업을 맹세하고 실행하는 길 외에는 없다.

 모든 업을 녹이는 용광로는 참회의 한 생각, 참회의 말 한 마디, 참회의 한 걸음, 그리고 생각, 말, 실행이 선업으로 이어지는 것이다. 오늘 나의 육근(안·이·비·설·신·의) 동작은 어떤 행인가?

가슴을 다쳐 죽은 아들

 1971년 여름, 당시의 2군 사령관 집 앞에는 매우 불행한 사건이 불어닥쳤다. 서울대학교에 재학 중 이던 사령관의 외아들이 친구들과 함께 김포 앞 바다로 해수욕을 가서 다이빙을 하다가 물 속의 뾰족한 바위 끝에 명치가 찔려 죽은 것이었다.

 그지없이 착하고 말 잘 듣고 공부도 잘 하였던 외아들이 너무나 허무하게 죽어버리자, 사령관은 먹지도 자지도 않고 방 안에만 들어 앉아 슬픈 나날을 삭이고 있었다.

 이윽고 팔공산 동화사에서 아들의 49재(齋)를 지내던 날, 스님들의 독경과 염불을 들으며 아들의 명복을 빌던 사령관은 갑자기 자리를 박차고 일어나 위패를 모신 영단(靈壇)을 향해 벽력같이 소리를 내질렀다.

 "이놈의 새끼! 모가지를 비틀어 죽여도 시원찮은 놈! 이놈—! ……"

 감히 보통 사람으로는 입에도 담지 못할 욕설을 있는 대로 퍼붓고는 재가 끝나지도 않았는데 법당을 뛰쳐나가 버렸다. 독경하던 스님과 재에 참석했던 사람들은 영문을 알 수 없는 돌발적인 소동에 어리둥절해 할 뿐이었다.

 그날 밤 1시경, 2군 사령부 헌병대장이 나를 데리러 왔고, 나와 마주앉은 사령관은 자신의 과거 이야기 한 편을 들려주었다.

 "6·25 사변 당시 저는 30여단장을 역임하고 있었습니다. 늘 자신감에 넘쳐 흘렀던 저는 백두산 꼭대기에 제일 먼저 태극기를 꽂기 위해 선두에서 서서 부대원들을 지휘하며 북진에 북진을 거듭하고 있었습니다.

 그런데 갑자기 이승만 대통령으로부터 전문(電文)이 날아왔습니다. '지휘관 회의가 있으니 급히 경무대로 오라'는 것이었습니다. 저는 황급히 경무대를 향해 출발하면서, 평소 아끼고 신임하던 부관에게 거듭거듭 당부하였습니다.

 '들리는 소문에 의하면 중공군 수십만 명이 내려오고 있다고 한다. 한시도 경계를 게을리해서는 안된다. 만일 내가

시간 내에 돌아오지 못하면 부관이 나 대신 백두산 꼭대기에 태극기를 꽂아라.'

그런데 '가는 날이 바로 장날' 이라더니, 그날 저녁 중공군 30만 명이 몰려와서 산을 둘러싸고 숨 쉴 틈없이 박격포를 쏘아대는 바람에 우리 부대원들은 거의 대부분이 몰살당하였습니다. 뒤늦게 급보를 받고 달려가 보니 눈 뜨고는 볼 수 없는 처참한 광경이었습니다. 저는 급히 부관을 찾았습니다.

'부관은 어디에 있는가?'

얼마동안 찾다가 '어찌 그 와중에 부관인들 무사할 수 있었을까' 하는 생각에 한 가닥 희망조차 포기한 채 허탈한 마음으로 사무실에 앉아 있었습니다. 그때 당연히 죽었을 것으로 여겼던 부관이 쫓아 들어왔습니다.

"살아 있었구나, 어떻게 너는 살아남을 수 있었느냐?"
"죄송합니다. 실은 이웃 온천에 있었습니다."
"온천? 누구와?"
"기생들과 함께……."
"너 같은 놈은 군사재판에 회부할 감도 되지 못한다. 내

손에 죽어라."

 어찌나 부아가 치미는지 그 자리에서 권총 세발을 쏘았고, 부관은 피를 쏟으며 나의 책상 앞에 고꾸라졌습니다.

 그것이 바로 21년 전의 일인데, 어찌된 영문인지 오늘 낮 아들의 위패를 놓은 시식상(施食床) 앞에 그 부관이 나타난 것입니다. 그 모습이 너무도 생생하였으므로 엉겁결에 일어나 고함을 치고 욕설을 퍼부었습니다.

 그런데 집에 돌아와 곰곰이 생각해 보니, 바로 그날 죽은 부관이 이번에 죽은 아들로 태어난 것이 틀림없음을 깨달았습니다. 부관이 죽은 날과 아들이 태어난 날짜를 따져 보아도 정확하게 일치하는 것으로 보아서도 틀림이 없습니다. 그래, 야밤임에도 불구하고 스님을 모셔오게 한 것입니다.

 당시의 2군사령관이었던 육군 중장 박○○ 장군 부관은 자기의 가슴에 구멍을 내어 죽인 상관의 가장 사랑하는 외동 아들로 태어났고, 가슴을 다쳐 죽음으로써 아버지의 가슴에 구멍을 낸 것이다.

살생을 저지르면 그 과보는 죽음 혹은 죽음에 버금가는 고통으로 받게 된다.

당연히 죽어야 할 자를 죽인 살생일지라도 그 과보는 벗어날 수 없는 것이다.

단명(短命) 한 사람, 병이 많은 사람 또한 전생의 살생한 업을 받는 것이다.

모든 현상은 결코 우연이란 없다. 씨를 심지 않고 어찌 움이 트며, 열매가 열릴 것인가. 모든 것이 내가 지은 인연과(因緣果)의 소치이다.

모든 종교에서 '살생을 하지 말라'를 제 1계문으로 밝힌 까닭을 다시금 새겨봐야 한다.

십만 대 맞을 팔자

 강원도 원주 땅 어떤 농가에서의 일이었다. 주인 여자가 이제 막 대청에 있는 뒤주에서 저녁거리를 떠 들고 내려서려는데 문간에서 똑딱똑딱 문간을 두드리며 늙은 중이 염불을 외운다.
 여자는 무슨 생각을 했는지 잠깐 쌀바가지를 물끄러미 들여다보다가 그 길로 나와 노승의 바릿대에 폭삭 쏟아부어 주는 것이었다.
『나무 관세음 보살.』
 고맙다고 고개를 굽혔다 든 노승은 깜짝 놀랐다.
〈이렇게 곱게 쓸은 쌀을…… 그것도 주인 대주와 같이 자실 저녁 쌀이었던 모양인데.〉
 다시 한번 합장하여 사례를 하고 쳐다보니, 주인 여인은 외면하고 돌아서는데 노승은 뭉클하니 가슴에 느끼는 것이 있다.

  나이는 스물 서넛 아름다운 옆모습, 별반 다듬은 데도 없건만 그런대로 먼 광이 난다.

   그러면서도 어딘지 모르게 검은 안개처럼 수심의 그림자가 서려 있었다.

『말씀 여쭙기 황송합니다마는 아주머니께서는 남모르는 수심에 싸여 계신 것 같습니다. 무슨 걱정이라도 계시오니까?』

『………』

『말씀 아니하셔도 소승은 소승대로 다소 짐작되는 바가 있어서 말씀드리는 것이 올시다. 아주머니께서는 결혼하신지 여러 해에 아직 아기가 없으셔도 그걸로 걱정이 되시는 것은 아닌 성싶습니다. 양주분 정리도 그만하면 남보기에는 의도 좋다고 할 정도입니다. 그렇건만 사랑에서 약주만 잡수시면 손찌검을 하시지 않습니까? 그러시지요?』

『………』

『말씀 아니하셔도 소승은 짐작이 있습니다. 사랑에서는 오늘도 지금 아래 주막에서 약주를 잡수고 계십니다. 이따가 들어오시면 또 손질을 하실 겁니다.」

「………」

『그렇지만 아주머니께서 정성스럽게 이렇게 곱게 쓸은 쌀로 시주를 해주시기에 말씀드리는 것입니다. 지금 이 길로 집 안팎을 말끔히 치우시고 손에 들고 때릴만한 것은 말끔히 치워 버리십시오. 그리고 다만 한 가지 목화따서 말리는 다발이 있지 않습니까? 그것을 묶어서 마루 귀퉁이에 세워 놓아 두시면 다 되는 도리가 있을 것입니다. 부지 잊지 마시고 그리 하십시오. 그리하여 사랑어른의 그 매질하는 버릇이 없어지시거든 이것은 소승의 공덕이 아니오라 부처님의 높으신 은덕이오니 그 상세한 말씀은 내년 이날 이 시간에 다시 와 말씀드리겠으니 오늘 모양 깨끗이 쓸은 쌀로 시주나 하여 주십시오. 그럼 부디 안녕히 계십시오, 나무 관세음보살.」

노승이 돌아간 뒤 부인은 다시 쌀을 떠다 저녁을 지어, 밥을 먹을 생각도 않고 식기를 덮어 윗목에 두고 동그마니 앉아 남편이 돌아오기를 기다렸다.

노승 말대로 때릴만한 것이라곤 신발짝 부지깽이 하나까

지라도 깨끗이 치워 놓고 목화 다발만 묶어서 세워 두었는데 어찌 되려는가?

곰곰이 생각에 잠겨 있는데 바깥이 떠들썩했다.

『에 튀 이년 어디 갔어? 이 염병을 할 년 이년이 남편이 돌아와도 일어나 나오지도 않아? 이런 죽일 년! 옳지 이년 너 잘 만났다. 이년 이제 나와?』

어쩌고 하며 때릴 것을 찾는데 손에 집어지는 것이 없다.

사방을 찾다가 간신히 목화 다발 묶어 세운 것을 집어 들고 쫓아와서 후려친다.

푹석하며 아플것도 없다.

〈옳지, 그러면 무슨 도리가 있다더라. 실컷 때리려므나.〉

두 손을 모아 머리를 싸고 엎드려서 반항을 않으니 때리기도 싱겁든지 푹석푹석 한참을 때리다가 제풀에 숨이 차서 집어 동댕이를 치고 나가 동구라진다.

그러더니 이내 드르렁드르렁 코를 고는 것이다.

처음 겪는 일이 아니라 허리띠 대님 끄르고 버선 벗기고 베개 비워 주고 이불 끌어 당겨 덮어 주고 나서 자신의 치마고리도 끄르지 않은 채 개발 물어 던진 듯이 옆에 누워서 그

렁그렁 밤을 났다.

남편 작자가 부시시 일어나더니 물을 찾는다.

집어 주는대로 자리끼를 한 그릇 들이키고 나더니 겸연쩍은 듯이 말을 한다.

『내가 엊저녁에도 몹시 취했었지? 어디 몹시 때리지나 않았소? 안 그래야지 하면서도 자꾸 그래서 탈이야.』

신기한 일도 다 있지, 그런 일이 있은 뒤로 술이 취해 돌아와서 다시는 매를 드는 일도 없어지고 저녁 안 먹었느냐 좀 늦는 것 같거든 먼저 먹지 그랬느냐고 상냥하기가 이를 데 없다.

그렇기로 제 버릇 개주랴? 며칠이나 가랴 했더니 한 달, 두 달, 반 년, 어언 일 년이 되도록 다시는 그런 기색이 없다.

옳지 작년 그 때가 돌아온다.

쌀을 깨끗이 쓸어서 따로 담아 놓고 그 신기한 노승이 다시 찾아 오기만 기다렸다.

『또르락 또르락』

아니나 다를까 정말 저녁이 되니까 날짜도 어기지 않고 노승이 찾아왔다. 여자는 반색을 해서 쌀 그릇을 들고 한 걸음에 달려 나갔다.

『감사합니다. 나무관세음보살, 아이고 아주머니 얼굴에 이제사 환하게 화색이 도시는구면요. 어떻십니까? 그 뒤론 다시는 손찌검하거나 하지 않으시죠?』

『네! 참 그런데 그게 무슨 방문입니까? 그렇게 여러 해 해오던 버릇이 하루 아침에 딱 그치니……』

『네, 모두 부처님 덕택이올시다. 작년 오늘입지오 아주머니께서 그렇게 정성어린 시주를 해 주지 않으셨습니까? 얼굴을 뵈니까 수심이 가득하셔, 소승이 몰골은 이러해도 조금 내다보는 바가 있습죠, 그래 가르쳐 드릴까말까 망설이다가 결국 이렇게 판단을 내린 것입니다. 정성껏 부처님을 위해 받드는 사람이라면 전생의 허물쯤 하루빨리 벗겨 드리는 것이 당연하지 아무렴 그것이 부처님의 뜻이니 실은 아주머니께서는 전생에 소 모는 사람이었습니다. 사랑방 양반께서는 아주머님께 직접 얻어 맞으며 일한 것은 아니었지만 소였습니다. 그래서 이생에서 서로 만나실 때 전생에서 맞은 만큼 보복을 하라고 맞붙인 것입니다. 꼭 십만 대를 때리라구.』

『아이구머니나! 십만 대나요?』

『이에에, 그러니 홍두깨로 맞거나 방망이로 맞거나 십만 대를 채워야 끝내게 마련이와요. 그러니 몸은 약하신데 무시로 그렇게 매를 맞으시면 배기시겠어요? 그런데 맞은 그 회초리 개수가 모두 얼마나 됩니까. 천개라고 친다면 백 번만 맞은면 십만 번 아니겠습니까, 그 때까지 맞으신 숫자가 있지 않습니까? 그러니까 그날 약주 잡숫고 때리신 걸로 깨끗이 끝난 것입니다. 그때 만약 시주하시는게 정성이 없으셨다든지 그냥 따 돌려 보내셨으면, 오늘까지도, 아니 십만 대가 끝날 때까지 방망이로든 부지깽이로든 그 숫자는 채우셔야 되셨을 것입니다. 이 다음에라도 부처님 잘 위하십시오. 나무 관세음보살.』

여자는 자기도 모르게 마주 합장을 하며 노승을 전송하였다. 멀어져가는 뒷모습을 한 없이 바라보고 섰는 그녀의 눈에서는 두 줄기 눈물이 하염없이 흘러내렸다.

정업은 면할 수 없다고 부처님께서 말씀하셨다.

정당한 법으로 자비 방편을 베풀며 제도 하시는 부처님, 성자의 능력으로도 면할 수 없거늘, 어찌 범부중생이 정업을 면할 수 있겠는가 능력있는 불보살들은 여러 생에 받을 과보라도 단생에 줄여서 받을 수 있다고 했다. 그러나 아주 없애는 방법은 없다고 소태산 대종사는 제자들에게 말씀하였다.

대각국사 의천 스님은 고려 문종의 넷째 왕자로 태어났다.

그러나 태어나는 순간부터 울기 시작하여 울음을 그치지 않았다.

임금과 신하들이 모진병이 아닌가 싶어 근심속에 어의가 진찰을 해도 이상이 없었다.

아무리 진찰을 해도 우는 까닭을 알수없었다.

그런데 이상하게도 멀리서 들려오는 목탁소리를 듣기만 하면 왕자가 울음을 그치었다. 이상히 여기어 목탁 소리를 찾아 서해 바다에서 배를 타고 중국을 가니 조그마한 암자에서 나는 목탁 소리였다.

목탁치는 스님을 데리고 와서 왕자를 만나게 하니 왕자가 울음을 뚝 그치고 빙긋이 웃었다.

그런데 왕자는 태어나서부터 왼손이 아직까지 펴지지 않고 있었다.

스님이 손을 잡고 쓰다듬으니 왼손이 펴졌다. 펼쳐진 손에 불무령(佛無靈) 이라는 글자가 새겨져 있었다.

글자를 본 스님은 왕자를 끌어 안고 "스님 스님 여기서 뵐 줄 몰랐습니다." 하며 울기 시작했다.

모두들 의아해 하는 가운데 스님이 말했다.

"저의 존경하는 은사 스님이 불심이 깊어 많은 사람들의 존경을 받았었습니다.

그러나 이상하게도 1년이 지나자 앉은뱅이가 되었고, 2년이 되어 장님이 되든이 3년째 어느날, 벼락을 맞고 돌아가셨습니다.

그래서 부처님의 영험이 없는게 아닌가 하고 깊은 회의에 빠져 은사 스님 손바닥에 부처님은 영험이 없다는 부처불

(佛), 없을무(無), 영험스러울영(靈) 자인 '불무령' 이라는 글자를 새긴 뒤 장례를 치렀습니다."

사연을 들은 문종은 "불무령이 아니라. 있을유(有)자 불유령(佛有靈)이구려" 라 말했다.

3생을 거쳐 받아야 할 업보를 3년만에 모두 받고 왕자로 태어난 것이다.

한 달 동안 꿈만 꾼 여인

 평안도 어느 산골에 감자 농사나 지어서 겨우 살아가는 농가가 한 채 있었다. 하루는 사람을 사서 감자밭의 풀을 매게 되었다. 아내는 집에서 감자를 가지고 적도 부치고 수제비도 만들어 일꾼들의 점심을 해가지고 오기로 되어 있었다.

 그러나 점심 시간이 두세 시간이 지나도 아내가 오지 않자 이상히 여긴 남편이 집으로 달려가는 도중에 아내를 만나게 되었다. 아내는 점심을 잔뜩해 가지고 오다가 길 옆에 내려 놓고는 누워서 딩굴고 웃고 헛소리를 하는 것이었다.

 남편은 몹시 놀라 약을 먹이고 침을 놓는 등 온갖 수단을 다 써 봤지만 효과가 전혀 없었다. 오히려 들과 산으로 돌아다니면서 춤도 추고 노래 부르고 웃고 또 내외간에도 말 못할 이야기 마저 거침없이 하는 것이었다.

남편은 할 수 없이 아내의 손발을 묶어 방 안에 가두고 재워 놓으니 거의 한 달 후에 깨어나는 것이었다.
 그러나 제 정신이 돌아오기는 했는데, 웬일인지 자꾸 울기만 하는 것이었다. 이상하게 생각한 친정 어머니가 한 달 이상을 두고 달래면서 물어보니 아버지한테 절대로 말하지 말라고 몇 번을 당부한 뒤에 다음과 같은 사연을 말했다.

 사람을 사서 일하던 그날, 밥을 해 가지고 밭으로 나가려는 참인데 웬 초립동 소년이 예쁜 당나귀를 타고 들어오는 것이었어요. 초립동을 보니 옷도 잘 입고 얼마나 잘 생겼던지 세상 사람들과는 비교할 수도 없이 뛰어나 보였답니다. 이 초립동이 내 옆에 탁 무릎 꿇고 앉았다가 일어서서 하는 말이,
 "대단히 실례합니다. 우리 집은 아무 데 있고 우리 부모는 아무개 정승판서이며 농사는 수만 석을 짓고 있는 부자입니다. 내가 일 년 전에 부자집 처녀에게 장가를 들어 정이 깊이 들었는데 자식도 하나 낳아 보지 못한 채 금년 봄에 죽었습니다. 홀로 된 나는 생각하기를 죽은 마누라는 다시 만

날 수 없으니 할 수 없이 마누라와 똑같은 여자를 만나서 살겠다고 결심하고 이렇게 팔도 강산을 헤매고 있던 중, 오늘 이곳을 지나다 당신이 우리 마누라와 똑같이 생겼음을 알았습니다. 당신 같은 사람이 이런 두메 산골에서 감자 농사나 지어 먹고 살면 되겠습니까? 지금 당장 당나귀를 타고 이 길로 곧장 갑시다. 이 당나귀는 하루에 천리를 가는 말이니 잠깐이면 됩니다."하고 말하는 것이었어요.

나는 그만 마음이 끌려 살림살이고 뭐고 정신이 나가 그 당나귀를 타고 같이 가는데 어찌나 빨리 달리던지 순식간에 강과 들판을 지나서 산골짜기로 들어가니 남녀 하인들이 마중을 나와 인사를 하는 것이었어요. 그 하인들이 입은 옷 모양과 미모가 어찌나 뛰어났던지 내 남편 따위는 곁에 서지도 못할 정도였습니다. 동구 안으로 들어가니 큰 동네가 나타났는데 전부가 기와집이었습니다. 그 중 낙원같은 좋은 집에서 조부모, 시부모가 마중나와 환영해 주었습니다.

나는 깨끗이 목욕을 하고 그곳에서 주는 옷을 갈아 입고 거울에 내 얼굴을 비춰보니 내가 언제 이렇게 예뻤던가 싶을 정도였습니다.

나는 그곳에서 시간가는 줄 모르고 살면서 해마다 아들 딸을 자꾸 낳고 그 집의 살림살이도 다 차지했습니다. 예쁘고 잘 생긴 얼굴만 보고 있어도 천당에 사는 느낌인데 아들들도 재주가 다 좋아서 공부도 잘하였답니다. 재미나게 한 십 년 호강을 하고 있었습니다. 그러던 어느날 뜻밖에 전신이 아프고 몸이 부자유스러워서 고함을 질러보니 꽁꽁 묶여 있는 것이었습니다.

한 달 미친 짓을 하는 동안 15년을 살았고 그래서 꿈속에서 살던 정든 아들과 남편이 보고 싶어서 우는 것이니, 이 말을 누구에게 할 수 있었겠는가.
"지금이라도 한 번 더 미쳐버려 다시 가 봤으면 좋겠다."
하면서 그 꿈이 그리워 운다는 것이다.

신라시대 조신대사가 강원도 낙산사에 있을 때, 법당에 사시공양을 올려 놓고 경쇠(법당에 있는 작은 종)를 땡하고 치는 사이 깜빡하고 졸음을 조는 동안 80년간을 살았다.

꿈속에서 80년을 살고 문득 잠에서 깨어났다.

눈을 떠보니 경쇠를 치던 망치를 잡은 채 아직 경쇠의 종 소리가 끝나기도 전이었다.

몇 초가 지났을까 말까 한 그 짧은 찰라에 80년을 살았으니 꿈속에서 한 평생을 살은 셈이다.

조신대사의 꿈속 경험을 일생일대의 교훈으로서 인간 세상이라는게 일체의 꿈이라는 것을 알아야겠다.

때론 자다가 일어나 꿈을 꾸던 일이 계속 이어지기를 바라는 마음에 바로 잠을 청했던 기억이 없는가. 꿈이라면 깨고 싶은 것이 있고, 꿈이라면 차라리 깨지 않기를 바라는 것이 있다.

그러나 그 또한 꿈인 것을!

'조신의 꿈' 이야기가 회자되는 것은 우리의 현실이 한낮의 꿈이기 때문이다.

지옥에 떨어진 스승

석가모니 부처님께서 사위국 기원정사에 머물며 많은 사람들을 모아 설법하실 때의 일이다.

사위국에 사는 한 장자에게 딸이 하나 있었다. 그녀는 좋은 상대를 만나 결혼하여 아들 하나를 두었다.

그런데 날이가고 해가 거듭 될수록 가산은 기울고 마침내 생활조차 어려워지게 되자 남편은 아내에게, "내가 이제부터 먼 곳에 가서 돈을 벌어 올테니 그 동안 아들을 잘 보살피고 기다리시오." 하고 먼 길을 떠났다.

그 후 몇 해가 지나고 몇 번이나 꽃이 지고 폈건만 남편은 집에 돌아오지 않았다. 그러는 동안에 아들은 어느 새 장성하였다.

아비없이 자란 탓인지 아들은 제 마음대로 방탕한 생활을 하여 마침내 이웃집 아가씨와 사귀어 깊은 사이가 되고 말

앉다.

　내 아들만은 바르다고 믿고 있던 그의 어머니는 크게 놀라 알아 듣게끔 조용히 훈계하며, "그런 일은 결코 좋은 일이 아니다. 너만 믿고 홀로 사는 나에게 이런 걱정을 끼쳐서는 안된다." 하고 타일렀으나 아들은 전혀 받아 들일 기미가 보이지 않았다.

　어머니는 하는 수 없이 아들을 감금하고 외출을 못하게 침실을 지켰지만 그럴수록 아들은 더욱 그녀를 만나고 싶은 욕망에 사로잡혔다.

　그러던 어느 날 밤, 아들은 도저히 잠을 청할 수가 없어 어머니에게 화장실에 다녀오겠다고 하며 문을 열어주기를 원했지만 어머니는 단호하게 거절하였다. 아들은 또다시 타오르는 욕망을 참지 못하고 그만 악한 마음을 일으켜 어머니를 살해하고 말았다.

　그는 어머니를 살해한 후에야 제 정신이 돌아와 그 죄를 뉘우치고 참회하며 스스로 출가해 버렸다.

　승려가 된 그는 멀리 타국에 가서 정진하고 계율을 잘 지키고 선정을 닦으며 경전을 즐겨 읽는 등 수행에 열중하였다.

 그리하여 어느 장자가 승려로서의 덕을 갖춘 것을 보고 매우 감탄하여 그를 위해 가람을 지어주고 주지로 모셨다. 이 가람에는 많은 승려가 사방팔방에서 모여들어 그의 가름침을 받았다.

 그때 이 스님은 대중을 위해서 대승경전을 강의하고 또 선정을 수행시키고 일년 내내 의식을 제공, 아무 부족한 것 없이 돌봐주어 많은 신자가 전심으로 수행할 수 있게 되었다. 그 중에서는 아리한의 경지까지 이른 사람도 있었다.

 그런데 스님은 불행하게도 병에 걸려 약을 써도 효험이 없이 그저 나날이 쇠약해가기만 하더니 어느 날 대중을 모두 모아놓고 그 자리에서 참회하며 말하였다.

 "나는 잘못 주재(主宰)가 되어 많은 사람들을 가벼이 여기기도 하였으며, 또 여러 제자들에게 번뇌를 준 일도 있었습니다. 원하옵건대 여러 스님네는 저를 기쁘게 해 주십시오. 상주(常住)라 생각되는 것은 모두 변화하는 것이며 높은 것도 모두 떨어지고마는 것입니다. 만남은 반드시 헤어지는 것이며 태어난 것은 모두 멸하는 것입니다."

이렇게 말을 맺고 잠시 후 숨을 거두고 말았다.

그래서 많은 제자들과 사람들이 모여들어 공양하고 명복을 빌었다. 그런데 그때 누군가가, "우리 스승님은 적멸하셨지만 대체 어느 곳에 환생하셨을가?" 하고 말하였다.

이때 마침 제자 중에 아라한의 깨달음을 얻은 이가 있어서 곧 선정에 들어 스승이 어디에 계신가를 우선 제천에서부터 시작하여 다음은 인간·아수라·축생·아귀까지 모두 찾아보았으나 안 보이는 것이었다. 설마하고 생각했지만 그래도 확인하기 위해서 이번에는 온갖 지옥의 구석구석을 찾아보았더니 이게 웬일인가, 스승은 불쌍하게도 무간지옥에 떨어져 있는 것이었다.

제자들은 이 말을 듣고 크게 의혹을 갖게 되었다.

"우리 스님이 재세시에는 계행 수행에 힘쓰시고 일찍이 게으름이란 없었다. 게다가 또 팔방의 승려를 모아 의식을 공급해 주셨는데, 무슨 인연으로 이런 몹쓸 과보를 받으신단 말인가?" 하며 그 제자는 다시금 선정에 들어서 전세의 인연을 살펴보았다. 아니나 다를까, 스승이 자기 어머니를 살해한 업보 때문에 무간지옥에 떨어지고, 타오르는 불길

속에서 몸에 화상을 입어가며 옥졸로부터 질책을 받는 것이었다.

"너는 전생에 열등하고 무지하여 대역죄를 지은 것이다. 이 죄는 누구도 대신하지 못하며 너 혼자서 받아야만 하는 것이다."

옥졸의 말이 채 끝나기도 전에 빨갛게 이글거리는 쇠몽둥이로 그 목을 쳤으며 스승은 피를 흘리며 고통을 받았다. 그 고통이란 말로 다할 수 없는 것이었다.

이때 제자 아라한은 그 모습을 보고, 비원력으로써 고뇌를 없애고 법의 위덕을 구하고 숙명을 알리고 삼보를 염하면서 기원을 계속하였으므로 그 스승의 수명은 곧 끝나게 되었다.

남녀 사이에 서로 생각하며 그리워하는 마음을 연정 또는 애정이라 한다. 그 얼마나 아름다운 모습인가!

그러나 쌍방통행이든 일반통행이든 연정이 집착으로 변하

면 무수한 고통과 무서운 결과를 가져온다.

  순간의 잘못으로 영생을 그르치는 일이 없도록 '늘 조심 또 조심' 할 일이다.

  사랑의 집착이 결국 천륜을 끊어 버린 것이다. 그러나 그것으로 업이 쉬는 것이 아닌 시작이었다.

  수도를 하여 큰 도를 이루었어도 정해진 업은 누가 대신 받을 수도 미루어서 받을 수도 없는 것이다.

살인죄보를 七년후에

 일본 명치 초년에 요꼬하마 지방에서 있었던 일이다. 팔왕사(八王寺) 인근 어느 촌에서 생사장사(명주실)를 하는 상인 한 사람이 실을 팔아 돈을 지고 오다가 여막(旅幕)에서 투숙하게 되었는데, 그 주인집에 마침 유흥 도박으로 돈을 잃고 돈에 환장한 악한 한 사람이 있었다.
 이 상인이 돈가지고 있는 것을 알고 그 이튿날 그 상인이 가는 길을 목잡아서 산속에 숨어 있다가 무인지경에서 칼로 상인의 등줄기를 쳐서 죽이고 거금을 강탈하여 한참동안 음주 도박으로 거드렁거리고 세월을 보내는데 어느 때에 그 아내가 태기가 있어 만삭이 되어 옥동자를 낳았다. 그래서 아내가 낳은 어린아이 목욕을 시키다가 보니 어깨줄기에 붉은 띠처럼 기다랗게 핏줄기가 부스럼 모양으로 뻣질려 있었다.

보기에 흉하여서 씻어 주고 약을 발라 주어도 낳지 않아서 그 남편에게 무슨 약을 사다가 바르도록 부탁하였더니 남자가 와서 보기도 하였다. 남편이 가만히 드려다보니 천상 얼마전에 죽인 상인 등줄기에 칼질한 것과 똑 같아 보여서 아…이것은 죽은 생사장사가 원수 갚으로 태어난 것이지 이것이 참으로 자식노릇 할 자식이 아니라고 왈칵 공포심이 생긴다. 그래서 다음에 아내 몰래 틈을 타서 두 손가락으로 코를 꼭 쥐어서 질식(窒息)을 시켜 죽여버렸다.

그 이듬해에 또 남아를 낳았는데 그 아이는 두 손가락으로 코를 꼭 쥔 것 같이 코가 홀쪽하게 생긴 것이 그나마 어깨에는 붉은 띠를 떼어낸 것처럼 흔적이 완연하였다. 아마도 자기가 저지른 죄악의 과보인 것을 각오하고 다시는 죽일 용기가 나지 않았다.

그럭저럭 세월은 흘러서 상인을 죽인지 칠년만인 여름 어느날 밤늦도록 노름을 하고 술에 취하여 집에 돌아오니 남포불이 켜 있는데 그대로 두고 떨어져서 곤하게 잠이 들었다. 다섯 살짜리 어린 아이가 자다가 일어나서 소변보러 나가다가 남포불을 덮쳐버린 것이 그 아버지 몸에 기름이

쏟아지고 불이 붙어서 악한 아버지가 기름불에 끄실려 죽어 버렸다.

그날밤이 바로 생사장사의 제삿날 밤이었다고 한다.

원수를 갚기 위해서는 가까운 인연으로 태어나서 원수를 갚는다고 한다. 멀리 떨어져 있으면 어찌 원수를 갚을 수 있겠는가.

은혜를 갚기 위해서도 가까운 인연으로 태어나 은혜를 갚는다고 한다.

현재 내 앞에 인연은 어떤 인연인가?

인과는 참으로 무서운 것이다.

쥐도 새도 모를 것 같지만 어느 새 소소하게 드러나 자신의 잘못을 알리는가 하면, 그 누구도 모르게 선행을 했지만 반드시 선과를 맺게된다. 그러니 세상이 모른다고 방심할 일이 아니며, 늘 자신의 양심에 비추어 떳떳하기에 노력해야 한다. 세상이 모른다 하더라도 자신의 양심이 알고 있지 않은가!

 정산종사는 인과관계를 4가지로 구분하였다.
 '상생의 인과, 상극의 인과, 순수의 인과, 반수의 인과 등 네 가지로 대별할 수 있다.
 상생의 인과는 선인 선과로서 인과의 원리가 상생으로 순용됨을 이름이니, 그 인연이 서로 돕고 의지하여 모든 일을 원만히 성취하게 되는 좋은 인과요, 상극의 인과는 악인 악과로서 인과의 원리가 상극으로 역용됨을 이름인 바, 그 인연이 서로 대립되어 여러 모로 미워하고 방해하는 좋지 못한 인과요, 순수의 인과는 자신이 좋은 발심, 좋은 희망, 좋은 서원 등을 세우고 정진하여 좋은 뜻 그대로 소원을 성취하는 등 순하게 받게 되는 인과법이요, 반수의 인과는 마음에 교만심이 많아서 남을 무시하고 천한 사람을 학대함으로써 도리어 자기가 천한 과보에 떨어지는 등 마음과는 반대로 받게 되는 인과법이다.'

수양부모 학대한 죄보

 일본비후(肥后)의 구마모도시 라는곳에 일대 재산가의 자식없는 늙은 두 노인이 살고 있었는데 마침 동리에 사는 젊은 두 내외가 자식이나 다름없이 집안일을 보살펴 주며 밤이나 낮이나 와서 입에 혀(舌)처럼 낫낫하고 얌전하게 두 노인의 뜻을 맞춰 주었다. 두 노인들도 정이들어 친히 낳은 자식이나 다름없이 사랑하며 믿고 살아 오다가 두 노인은 의논하여 하루는 친족들을 불러 모으고 음식을 장만하여 먹으며 그들 내외를 양아들 양며느리로 결정하고 노후 일을 의탁하였다. 그러저럭 세월은 덧 없이 흘러가 영감은 먼저 세상을 떠나고 할머니만 살아있었다. 웬일인가 그 후부터 젊은 양아들부부는 마음이 변하여 늙은 양모를 학대하기 시작하니 그 노모는 어디갈데 없이 혼자 빈방에 앉아서 한숨과 눈물로 애끓는 세월을 보내면서 후회하였으나 할 수없이

어서 죽기를 기다렸으나 염라 사자는 어디 갔는지 날 잡으로 올줄 모른다고 죽음을 기달려도 죽어지지 않았었다. 그리하여 참다못해서 자살을 도모하고 결국은 노끈으로 목을 졸라 자살하고 말았다.

  그 후 얼마를 지나 양아들 부부는 임신기가 잇어 만삭이 되어 난산으로 낳은 것이 기형아 머리가 둘인 아이를 낳았는데 왼편머리는 영감의 얼굴과 같고 오른편 머리는 할머니 얼굴과 같았다. 산모는 그것을 보고 깜짝 놀라 크게 고함을 지르고 기가 막혀서 죽어버렸다. 남자는 그 후 삼년을 지나 청어고기를 먹고 중독되어 죽어버렸다. 그날이 바로 할머니의 제삿날이였다고 한다.

  남 모르게 죄를 짓고선 '누가 그 죄를 알고 과보를 내리리요' 할지 모르지만, 진리는 소소영령하여 죄 지은 사람에게 죄 주고, 복 지은 사람에게 복을 준다. 이것이 한치도 틀림없는 대자연의 법칙이다.

죄와 복을 지어서 업을 만드는 것은 본인에게 있지만 재앙을 당하고 복 받는 것은 자기가 마음대로 할 수 없으며, 인연을 만나면 봄에 새싹 돋듯 자연적으로 돌아오는 이치가 있다.

배휴와 배탁

 중국 당나라에 배휴(裵休)라는 유명한 정승이 있었다. 그는 쌍둥이로 태어났다. 그것도 등이 맞붙은 기형아로 태어나자 부모가 칼로 등을 갈라 살이 많이 붙은 아이를 형으로, 살이 적게 붙은 아이를 동생으로 삼았다. 부모는 형과 동생의 이름을 '度' 자로 짓되, 형의 이름은 '법도 도(度)'로 하고 동생은 '헤아릴 탁(度)'이라고 불렀다. 배휴는 어릴 때의 형인 배도가 장성한 다음 지은 이름이다.

 어려서 부모를 여읜 배도와 배탁은 외삼촌에게 몸을 의탁하고 있었다. 어느 날 일행선사(一行禪師)라는 밀교의 고승이 집으로 찾아와서 그들 형제를 유심히 바라보더니, 외삼촌과 이야기를 나누는 것이었다.

 "저 아이들은 누구입니까?"

 "저의 생질들인데 부모가 일찍 죽어 제가 키우고 있습니다."

"저 아이들을 내보내시오."

"왜요?"

"저 아이들의 관상을 보아하니 앞은 거지상이요 뒤는 거적대기상입니다. 워낙 복이 없어 거지가 되지 않을 수 없고, 그냥 놓아두면 저 아이들로 말미암아 이웃이 가난해집니다. 그리고 저 아이들이 얻어먹는 신세가 되려면 이 집부터 망해야 하니, 애당초 그렇게 되기 전에 내보내십시오."

"그렇지만 부모가 없는 아이들을 어떻게 내보냅니까?"

"사람은 자기의 복대로 살아야 하는 법! 마침내 이 집안이 망한다면 저 애들의 업은 더욱 깊어질 것이오."

방문 밖에서 외삼촌과 일행선사의 대화를 엿들은 배도는 선사가 돌아간 뒤 외삼촌께 말하였다.

"외삼촌, 저희 형제는 이 집을 떠나려고 합니다. 허락하여 주십시오."

"가다니? 도대체 어디로 가겠다는 말이냐?"

"아까 일행선사님과 나눈 말씀을 들었습니다. 우리 형제가 빌어먹을 팔자라면 일찍 빌어먹을 일이지, 외삼촌 집안

까지 망하게 할 수는 없는 일 아닙니까? 떠나겠습니다. 허락하여 주십시오."

자꾸만 만류하는 외삼촌을 뿌리치고 배탁과 함께 집을 나온 배도는 거지가 되어 하루하루를 구걸하며 살았다. 어느 날 형제는 머리를 맞대고 상의하였다.

"우리가 이렇게 산다면, 일찍 돌아가신 부모님의 혼령도 편안하지가 못할 것이다. 산으로 들어가 숯이나 구워 팔면서 공부도 하고 무술도 익히자."

그들은 산속에 들어가 숯을 구웠고, 틈틈이 글 읽기를 하고 검술도 익혔다. 그리고 넉넉하게 구워 남은 숯들을 다발다발 묶어 단정한 글씨로 쓴 편지와 함께 집집마다 나누어 주었다.

"이 숯은 저희들이 정성을 들여 구운 것입니다. 부담 갖지 마시고 마음놓고 쓰십시오."

하루 이틀, 한 달 두 달……. 이렇게 꾸준히 숯을 보시하자 처음에는 의아하게 생각하던 마을 사람들도 감사하게 생각하였고, 마침내 숯이 도착할 시간이면 '양식에 보태라'며 쌀을 대문 밖에 내어 놓기까지 하였다. 그러나 그들 형제는 먹을 만큼 이상의 양식은 절대로 가져가지 않았다.

"이만하면 충분합니다. 감사합니다."

마침내 두 형제에 대한 소문은 온 고을로 퍼져 나갔고, 그 소문을 듣고 외삼촌이 찾아와 '잠깐만 이라도 좋으니 집으로 들어가자.'고 간청하였다. 그들이 집에 이르자 때마침 일행선사도 오셨는데, 배도를 보더니 깜짝 놀라는 것이었다.

"애야, 너 정승이 되겠구나."

"스님, 언제는 저희 형제더러 빌어먹겠다고 하시더니, 오늘은 어찌 정승이 되겠다고 하십니까? 거짓말 마시오."

"전날에는 너의 얼굴에 거지 팔자가 가득 붙었더니, 오늘은 정승의 심상(心相)이 보이는 구나. 그동안 무슨 일을 하였느냐?"

배도와 배탁이 그 동안의 일을 자세히 말씀드리자 일행선사는 무릎을 치면서 기뻐하셨다.

"그러면 그렇지! 너희들의 마음가짐이 거지 팔자를 정승 팔자로 바꾸어 놓았구나."

그 뒤 참으로 배도는 정승이 되었고, 동생 배탁은 대장군의 벼슬을 마다하고 황하강의 뱃사공이 되어 오가는 사람을 건네주며 고매하게 살았다고 한다.

　소태산 대종사는 제자들에게 말씀했다.
　"너희들은 절대로 관상도 보러가지 말며, 사주도 보러 가지 말라. 수도만 잘해서 마음만 잘 쓰면 사주팔자를 고치게 되는 것이다.
　너희들은 내가 시키는 대로 공부만 잘하며 사주를 보러 가지 않아도 된다."

　사람의 나이가 30이 넘으면 자신의 얼굴을 책임질 줄 알아야 한다고 했다.
　현재의 나의 얼굴은! 그리고 나의 심상은!
　사람에 있어서 관상보다는 심상이라고 했다.

전생모자(前生母子)의 만남

지금 부산시 동래구 서문통인 옛날 관문대로 이르는 좁은 골목길에 들어서면 둘째 집 뜰에 동래부사 유심의 비가 서 있다.

도로변에서도 잘 볼 수 있는 이 비의 주인공인 유심이 전생(前生)의 모친을 만났다는 것이다.

옛날에 일찍 남편을 여의고 외아들에게 마음과 몸을 의지하며 사는 과부가 있었다.

그 아들은 인물도 잘 생겼을 뿐만 아니라 네 살짜리 라고는 믿을 수 없을만치 여간 영특하지 않았다.

그런데 이 고을의 부사(府使)가 바뀌어 새 부사가 부임하게 되면 그 부임하는 행사가 여간 성대하지가 않았다.

새로 부임하는 부사가 팔선녀(八仙女)를 청하면 동래의 명기를 뽑아서 팔선녀의 행렬을 세우고 대군복(大軍服)을 차리라고 하면 군졸들에게 갑옷을 입히고 말을 태워서 내세우기도 했다.

이렇게 성대한 행사가 있을 때는 성내 주민들은 물론 이웃 사람들까지 모두 집을 비우고 한길에 나와서 구경하게 되는데 그 과부도 어린 아들을 업고 길 옆에 서 있었다.

장관을 이룬 부사의 행렬을 눈담아 보고 있던 아들이 갑자기 『엄마, 나도 어른이 되면 저렇게 할 수 있나요?』하고, 물었다.

어머니는 아무 말없이 우울한 표정을 지었다.

『엄마 왜 말이 없어? 난 커서 어른이 되면 저렇게 할테야.』하고, 엄마 등을 동동 쳤다.

『애야 너는 어른이 되어도 저렇게 할 수 없단다. 우리들은 상놈이라서 저런 벼슬을 꿈에도 못할꺼야.』라고 과부가 말했다.

이 말을 들은 아들은 그날부터 밥을 먹지 않고 말도 잘 하질 않다가 며칠 뒤에 이름 모를 병으로 죽고 말았다. 과부의 슬픔은 말할 나위가 없었다.

그녀는 밤과 낮을 이어 울음으로 세월을 보내고 있던 차에 어느 날 꿈속에서 아들을 만났다.

『어머니, 울지 마세요. 저는 서울에서 재상을 지내는 유씨 가문에 다시 태어나서 잘 살고 있습니다. 어머님 저는 이젠 상놈이란 소릴 듣지 않게 되었습니다.』

『그리고 벼슬도 할 수 있게 됐어요. 어머님 걱정 마셔요.』라고, 똑똑이 말하고 사라졌다. 그후 세월은 가고 세상도 바뀌어서 과부의 눈물도 말랐다.

숨가쁜 하루 살이에 피로한 그녀는 모든 것을 잊을 수가 있었으나 아들에 대한 생각을 잊을 수가 없어서 아들이 죽은 날에는 젯상을 차려놓고 울었다.

그런데 유심은 매일 생일날이면 꼭 꿈속에서 동래에가서 제사음식을 먹고 돌아오곤했다. 달이 바뀌고 해가 바뀌어서 장성한 유심은 동래부사로 부임하게 되었는데 난생 처음으로 행차하는 동래길이 이상하게도 꿈속에서 오가던 길과 너무나 흡사했다.

어느날 밤 제삿밥을 먹던 집을 찾기 위해서 통인(通人)과 함께 나섰다. 그런데 이상하게도 꿈속에 찾아간 집과 똑같은 집이 있었다.

유부사가 조심히 그집 마당에 들어서자 백발노파가 젯상을 차려놓고 울고 있는 모습이 보였다.

부사는 정중한 인사를 하고 『노인은 어찌하여 젯상앞에서 눈물을 흘리고 있으시오?』라고 물었다. 그러자 노파는 『이 몸은 남편도 없이 아들 하나를 의지하여 살아 왔아오나 어린 것이 단명하여 저승으로 갔사온데 오늘이 바로 그 입제일이 옵니다.』라고 대답했다.

그 노파의 아들이 죽은 날을 듣고보니 이상하게도 그날이 유부사의 생일과 같은 날이었다. 그런데 노파는 덧붙여서 『그런데 그 아이가 죽은 뒤에 꿈속에서 나타나서 서울 유씨 가문에 태어났다고 하옵니다.』라고 말했다.

그 말을 들은 유부사는 마음속으로 어머님이라고 생각했다. 이 노파가 바로 전생의 어머님임을 알았다.

부사는 그의 직권으로 전생모(前生母)에게 정곡을 보내고 여러 면으로 도와주었다.

그래서 이 노파는 노후에도 어렵지 않게 편안히 살다가 세상을 떠났다고 전해온다.

다생을 놓고 볼 때에 스승이 제자가 되고 제자가 스승이 되며, 부모가 자녀되고 자녀가 부모되는 이치가 있다. 이것이 윤회와 인과의 이치다.

　눈 앞에 나타난 현실만 가지고 어찌 모든 것을 단언 할 수 있겠는가. 참 지혜는 바로 영생의 앞 길을 훤히 밝히는 등불과 같은 것이다. 이런 참 지혜만 얻으면 무엇이 두려우랴!

　다생을 통하여 보면 수많은 좋은 인연과 낮은 인연을 만난다. 좋은 인연이란 나의 앞 길을 열어주고 향상심과 각성을 주는 인연을 말하고, 낮은 인연은 나의 앞 길을 막고 나태심과 타락심을 조장하며 좋은 인연을 이간하는 인연을 말한다.

　정산종사는 제자에게 '복중에는 인연 복이 제일이요, 인연 중에는 불연이 제일이라' 고 일렀다.

원수끼리 맺어진 부부

 보은군의 정이품송이 있는 부근 마을을 '진터' 라 부르고 그 마을에서 동쪽으로 들어간 산골짜기를 '가마골' 이라 하는 데 그렇게 부르게 된 사연이 있다.

 조선의 7대 임금인 세조에게는 딸이 하나 있었다. 어려서부터 매우 슬기롭고 영리하여 귀여움을 독차지하며 자랐다. 그런데 세조가 김종서 등 여러 대신들을 죽이고 마침내 단종을 몰아내고 왕위에 오르자 딸은 이를 몹시 안타까워하며 아버지께 아뢰었다.

 "아바마마, 왜 어진 재상들을 모두 죽이시나이까. 그리고 어린 임금이 가엽지도 않으십니까?"

 그러나 세조는 딸의 말을 들은 척도 하지 않았다.

 뒤이어 성삼문 등 충신들을 죽이고 어린 단종까지 영월로 내쫓은 후에 죽여버리자. 공주는 비통한 마음을 금치 못하여 눈물을 흘리며 간하였다.

"아바마마, 어쩌자고 충신들을 그처럼 참혹하게 죽이시고 이제 죄없는 어린 상왕마저 살해하시나이까? 후에 사람들이 아바마마를 어떻다 하오리까? 참으로 너무하시나이다. "

이에 세조는 크게 노하여 명하였다.

"참으로 방정스럽고 괴이한 계집이구나, 당장 끌어내어 사약을 먹여라."

이리하여 공주가 꼼짝없이 죽게 되었는데 왕비 윤씨가 이 소리를 듣고 자식을 사랑하는 모정에 차마 그대로 둘 수가 없어 몇 번이나 남편에게 매달려 살려달라고 하였으나 세조의 고집을 꺾을 수 없었다. 생각다 못한 윤씨는 마침내 금은 패물을 싸서 유모에게 맡기고 어디든지 공주를 데리고 가서 숨어 살 것을 부탁하였다.

공주와 유모는 남장을 하고 눈물을 흘리며 대궐을 빠져나왔으나 구중궁궐 깊은 곳에 살던 그들에게 세상이 넓다한들 어디로 가야할지 그저 앞이 캄캄할 뿐이었다.

두 사람이 낮에는 숨고 밤이 되면 걸어서 발길 닿는 대로 온 곳이 보은땅이었다. 한참을 걷다 큰 소나무 아래에 이르자 공주가 덜썩 주저앉아버렸다.

"아유, 이제 더 못가겠어요. 예서 쉬어 갑시다."

유모도 뒤따라 쉬고 있는데 마침 그 때 나무꾼 한 사람이 나무를 한짐 지고 오더니 짐을 받쳐놓고 쉬는 것이었다.

두 사람이 시선이 나무꾼에게 쏠렸다. 한 십칠팔 세 가량 되어 보이는 준수하게 생긴 총각이었는데 나무꾼도 두 사람을 유심히 바라보았다.

"어디를 가시는 나그네이시온지 매우 피곤해 보이십니다."

나무꾼이 두 사람을 번갈아 보다가 약간 의아스럽다는 듯이 고개를 기우뚱하고는 물었다. 분명히 차림새로 보아서는 남자임이 분명한데 젊은 나그네의 아릿다운 얼굴 모습이라든지 중년객의 목소리가 여성의 음성이었다.

나무꾼은 무슨 생각을 하였는지 이렇게 말하였다.

"오늘은 날도 저물어가고 또 여기서 인가가 있는 곳을 가려면 한참 걸어야 합니다 저의 집이 여기서 멀지 않으니 같이 가시는 게 어떻겠습니까?"

두 사람은 나무꾼의 말씨나 태도가 매우 공손하고 믿음직스러울 뿐 아니라, 더 갈 힘도 없고 지쳐서 총각의 뒤를 따라 깊은 산중 숲속 바위 밑에 자리잡은 움집으로 갔다.

깊숙한 산중 외딴 집에서 가족도 없이 총각 혼자 살고 있는 것이 겁도 나고 의심도 났으나, 워낙 총각이 공손하고 다정스러워 그날 밤 총각이 지어다 주는 밥을 먹고 피로에 지친 몸을 쉬었다.

이튿날 아침이 되었으나 피로가 겹친 공주가 병이 나자. 그들은 떠나지 못하고 그 움집에서 며칠을 더 묵게 되었고 하루 이틀 지나는 동안에 총각은 두 나그네가 실은 여인이라는 것을 알게 되었다. 그러던 어느 날 유모는 총각을 불러 놓고 말하였다.

"우리들은 본시 서울 대갓집 아녀자들이온데 큰 화를 당해 변장하고 숨어 다니는 중이옵니다. 이제 다행히 당신같이 좋은 분을 만나 말씀드리는 것이오니 제발 숨겨 주시어 목숨만 살게 하여 주시기 바랍니다."

목메인 소리로 호소하는 유모를 보고 총각의 얼굴색이 순간 달라지면서 눈물이 글썽해지며 자기도 역시 화를 피하여 이곳에 살고 있는 길이라 하며 어차피 같은 처지이니 함께 지내자는 것이었다.

 그 뒤부터 그들은 한솥밥을 먹고 한 방에서 기거를 하게 되었고 그러는 사이에 젊은 두 남녀는 정이 들어 마침내 맑은 생수를 떠놓고 성례를 하고 부부의 연을 맺었다.

 부부가 되자 총각이 먼저 물었다.

 "당신은 대체 어느 댁 따님이시오? 우리 기왕 한몸이 되었으니 숨길 것이 무엇이겠소?"

 그리하여 공주는 자신의 신분을 밝히고 이곳까지 오게 된 사연을 말하였다.

 한숨과 눈물 속에 이야기를 다 듣고 난 신랑은 갑자기 일어나 공주에게 두 번 절을 하고 목메인 소리로 자신의 신분을 밝혔다.

 "처음부터 귀인이신 줄은 짐작했습니다만 참으로 이럴 줄은 몰랐습니다. 이 사람은 바로 김종서 대감의 둘째 손자 올시다. 집안이 온통 망하고 가족이 모두 살해 될 때 하인의 도움으로 도망쳐 나와 이곳에 숨어 살게 된 것입니다."

 이 말을 들은 공주와 유모는 깜짝 놀랐다.

 원수끼리 맺어진 부부였지만 그들은 한껏 정답고 단란하

기만 했다. 실로 꿈같은 현실 속에서 세월이 꿈같이 흘러갔다.

몇 년이 흐르자 이들은 귀여운 아들 딸을 낳았고 차츰 경계가 누그러지자 값진 보물을 팔아 마을로 내려갔다. 거기서 집과 땅도 사고 뒷산 골짜기에 숯 굽는 가마를 만든 후 숯을 구어 보은 읍내에 나가 팔기도 하며 행복하게 살아갔다.

그런데 이 무렵 피부병이 든 세조가 병을 고치기 위하여 명산대찰을 찾아 기도를 드리는데 마침 속리산으로 행차했다. 이들이 사는 집은 속리산 초입 길목인 정이품송 근처 마을에 있었다. 이 소문을 들은 공주 내외는 그 때 여섯 살난 아들과 네 살짜리 딸에게 밖에 나가지 말라고 당부하였다.

세조가 그 마을 앞 큰 소나무 아래 행차를 머물게 하고 쉬자 동네 아이들은 웬 구경거리인가 싶어 일제히 몰려와 구경했다. 부모의 당부를 잊은 어린 두 남매도 이내 호기심이 발동하여 구경하는 아이들 틈으로 들어갔다.

그 때 세조가 무심히 아이들을 내려다보다가 아이들 사이에 있는 어린 두 남매를 발견하였고, 생김생김이며 차림이 다른 아이들보다 훨씬 돋보이는데다 모습이 옛날에 죽은 딸의 얼굴과 흡사했다.

 세조는 곁에 있던 신하를 불러 두 아이의 집을 알아보도록 지시한 후 그곳을 떠났고 지시를 받은 신하는 두 남매의 뒤를 따라가 집을 알아두었다.

 이튿날 세조는 평복을 하고 두 명의 신하만 거느리고 아이들의 집 앞에 당도하여 물을 얻어오게 하였다.

 신하 한 사람이 물 한그릇을 청하였는데 공주가 문틈으로 밖을 내다보니 세조가 문앞에 서 있는지라 깜짝 놀라 뒷문을 통하여 숯을 굽고 있는 남편을 찾아가 이 사실을 알리고 아이들과 함께 산을 넘어 도망을 가고 말았다.

 대신이 조금 전까지 인기척이 있었는데 아무리 물을 청하여도 대답이 없자 의심이 나서 문을 열어보니 뒷문이 열려 있고 사람의 흔적이 없었다. 이는 분명한 역적의 무리라 생각하고 세조를 급히 모시고 돌아간 후 군사를 이끌고 마을에 진을 친 뒤 군사를 풀어 아무리 잡으려 했으나 잡을 수가 없었다. 세조는 자신의 딸이 숨어 살고 있음을 알고 천륜의 정이 쏠이었으나 차마 말을 하지 못하고 말았다.

 이 뒤부터 군사가 진을 친 마을이라 하여 마을 이름을 '진터' 라 하였고 숯을 굽는 가마가 있었다 하여 '가마골' 이라고 불렀다는 것이다.

  수양대군(세조) 과 김종서의 인연은 수양대군의 딸과 김종서의 손자가 인연이 되어 부부의 연을 맺고 아들 딸을 낳았으니 두 집안의 인연은 어떤 인연인가. 또한 이렇게 맺어진 인연이 '원수는 외나무 다리에서 만난다.' 는 인연인가, 아니면 해원을 위한 하나의 움틈인가, 생각해 볼 일이다.

황희가 영의정에 오른 까닭

　방촌 황희 정승이 출세하기 전의 일이다. 한 점쟁이가 황희더러 앞으로 벼슬이 좌의정에 이를 것이고 칠순에 천수를 다하리라고 하였다. 그런데 황희는 뒤에 영의정에 올라 18년 간이나 최고의 영록을 누렸고, 치사(致仕)한 후 아흔을 바라보고 있을 때였다. 어느 날 예의 그 점쟁이가 찾아와 고개를 갸웃거리며 물었다.
　"제가 사람을 수없이 점쳐 왔으나 백에 하나도 틀림이 없었는데, 대감마님께는 영험이 없으니 이는 반드시 대감께서 음덕(陰德)을 쌓으신 까닭입니다."
　황정승은 전혀 그런 일이 없다고 거듭 부인하였다.
　점쟁이가 한동안 반복해서 묻다가 간절히 조르며 "제발 숨기지 마소서" 하니 그제야 다만 이런 일이 있었을 뿐이라며 운을 떼었다.

"내가 음덕을 쌓은 일은 절대로 없네, 다만 귀한 물건을 주워서 주인을 찾아준 일이 있어네."

"그게 무슨 물건이었습니까?"

점쟁이가 궁금해 안달하며 재촉했다.

"소시에 내가 서울 시장 문을 걸어 나가는데 웬 물건이 길에 떨어져 있지 않겠나, 주위 보니 의외에도 한 짝은 금잔이었네, 기이하게 생긴 모양이 보통 물건이 아니었네, 그래서 서울 문에다 아무 날 아무 시간에 물건을 잃은 사람은 아무의 집으로 오라는 내용의 방을 붙여놓았다네, 그랬더니 뒷날 한 사람이 찾아와서 금잔을 잃었다고 말하길래 바로 금잔을 내어 주었다네, 그러자 그 사람이 절하고 고맙다면서 천만다행이라며 좋아했네."

"뭐라 말이 있었을 텐데요?"

점쟁이가 끼어 들었다.

"음, 그랬지. 그 사람 말이 '이 금잔은 어공소(御供所) 소유로 궁중에 한 쌍밖에 없는 귀한 것이라 다른 그릇과는 각별합니다. 아침 저녁으로 수라 올릴 때 한 잔씩 바꿔가며 사용하는데, 마침 내시를 통하여 몰래 가져다가 사위 맞는 잔치에 잠시 사용하고 반납하러 가다가 그만 길에서 분실한 것입니다. 만약 다른 사람이 주웠던들 어찌 내어줄 리가 있겠습니까? 애당초 용서받지 못할 죄를 범하여 죽어도 마땅한데 분실까지 하였으니 연좌되어 30여 명이나 죽게 되었을 것인데 지금 이러한 은덕을 입으니 어찌 저 한 사람에 그치겠습니까?' 하더군, 그리고 물러가서는 이튿날 준마를 가져왔기에 역시 받지 않았을 뿐인데 이것이 어찌 음덕이 되겠는가?"

점쟁이는 크게 감탄하였다.

"그것이 음덕이 아니고 무엇이겠습니까? 영상의 영록을 오랫도록 누리시고 이렇게 장수하시는 것은 반드시 그 까닭입니다."

점쟁이가 수다스러이 한 말을 선생은 대수롭지 않게 들어 넘겼다.

한편, 뒤에 선생이 금잔을 분실하였던 사람을 찾아갔는데 그 사람은 이미 죽고 그 아들이 이렇게 말하였다고 한다.

"부친께서 생존해 계실 적에 매일 첫 새벽에 일어나 절하며 황정승께서 영의정에 오르시고 아흔까지 장수하시라고

기도하셨습니다. 그렇게 평생을 게을리하지 않으시다가 돌아가시기에 이르러서야 그쳤습니다."

황정승은 그의 말을 듣고 가만히 고개를 끄덕였다.

황희가 젊음 시절에 길을 가다가 어떤 농부가 두 마리 소로 밭을 가는 것을 보고 "어느 소가 더 열심히 일하느냐?"고 물었다.

농부는 귀엣말로 "누렁 소가 더 열심히 일한다"고 말했다.

이상히 여겨 "어째서 귀엣말로 하는가?" 물으니

"비록 짐승일지라도 사람의 마음과 다를 바 없으니 질투하지 않겠는가" 하였다.

이는 소를 인격시한 측면의 이야기다.

황희 정승의 이같은 말 한마디 한 행동이 모두가 음덕이 된 것일 것이다.

도살을 생업으로 하는 곽신호

 당나라 곽신호라는 사람은 도살을 생업으로 하여 소와 돼지를 수십 마리씩 잡았다. 그러나 그의 어머니는 종복사 알률선사께 다니면서 불공하고 재도 올리고 법문을 들었다.
 하루는 어머니가 아들에게 말했다.
 "절에 가자, 내가 오늘 너를 위하여 재를 베풀었다."
 어머니는 아들이 도살업으로 살아가므로 아들의 죄업을 조금이나마 덜어주고자 재를 베풀었던 것이다. 그러나 곽신호는 마음에 가책을 느껴 부처님을 뵈올 자신이 없었다. 하지만 어머니의 정성을 생각해서 거절할 수 없었다. 그리하여 절에 가기는 하였으나 법당 안에는 들어가지 못하고 있었다. 그러자 어머니가 "함께 들어가서 절하자." 하며 아들의 손목을 붙들었다.
 "어머니 제가 어찌 부처님을 뵈올 수 있겠습니까?"

"지성으로 참회하면 어떠한 죄도 멸한다. 원이 없고 인연이 없으면 부처님도 어찌할 수 없으니 가릴 것 없다."

이어 곽신호는 어머니와 함께 법당에 들어가 불공을 올렸다. 이를 보고 알률 선사가 〈화엄경〉 4구게를 읊었다.

약인욕료지(若人慾了知) 삼세일체불(三世一切佛)
응관법계성(應觀法界性) 일체유심조(一切唯心造)

곽신호는 다시 생업에 종사하면서도 이 게송을 잊지 않고 외웠다. 그런데 어느 날 잠을 자고 있다가 그만 무상살귀에 의해 그의 혼백이 지옥으로 끌려가고 말았다. 지옥의 명왕이 곽신호가 세상에서 지은 선악을 비교해보니 효는 많았고, 악은 적었으며, 의로운 일을 많이 했고 삿된짓은 적었다. 단지 도살한 죄가 무거울 뿐이었다.

도살한 죄가 중대한 지라 그는 지옥으로 가게 되었다.

곽신호의 혼백은 너무나 막연한지라 쩔쩔매고 있다가 알률선사가 일러준 사구게가 생각나 큰 소리로 외쳤다.

"약인욕료지 삼세일체불 응관법계성 일체유심조…"

이 소리를 듣고 다른 혼백들까지 지옥을 빠져나와 천상으로 올라가게 되었다.

이를 보고 놀란 사자가 물었다.

"그대는 어디서 그런 경을 배웠는가?"

"종복사 알륜선사에게 배웠습니다."

이에 명왕은 그 공덕으로 다시 세상에 나가 효도하며 살라고 명했다.

생업 때문에 남들이 천하게 여기는 일을 하며 살았지만 그 마음에 효심이 가득하고 거짓된 짓을 하지 않고, 악의 없이 좋은 일을 힘써한 인연으로 지옥에서 벗어날 수 있었던 것이다.

사구게가 되었든지 염불이 되었던지 아니면 주문이 되었던지간에 일심으로 수지 독송하면 사마악귀는 자연히 물러나고 지혜의 문이 열린다.

특히 생명을 살생한다든지. 다치게 한다든지 혼몽하게 하는 일을 하며 살아가는 직업을 가진 사람은 자신이 본의 아니게 업을 행할지라도 곽신호처럼 한때도 쉬지 않고 부처님을 가까이 하는 것이 좋다.

  그것이 부처님 마음으로 살아가는 것이며 부처님을 염(염불·기도·주송) 하는 것이다.

윤웅열 대감과 명두

 조선시대 말엽 광무 칠년(1903년)에 당시 군부대신 윤웅열(尹雄烈)이 그 아들 윤치호(尹致昊)와 기타 가족 및 호위병 십여명을 데리고 석왕사(釋王寺)에 와서 수군당(壽君堂)에 사처를 정하고 그 이튿 날 아침 후 산중 승려를 전부 모으고 나서 한 백년 전후해서 해파여순(海波與淳)이란 대사의 권속이나 혹은 그이의 행장을 아는 이가 없는가? 하고 물으니 아무도 아는 사람이 없었다.
 대감은 무척 답답하게 생각하였다. 군부대신 윤웅열 대감이 왜 이렇게 해파여순의 행적을 알고 싶어 하였을까?
 한말 고종 시절에 조정에서는 대원군과 민중전 사이에 한참 정쟁이 생겼을 때 윤웅열 대감은 남의 참소를 입어 전라도 완도에 귀향하게 되었다.
 윤웅열 대감은 완도에서 삼년 동안이나 있게 되니 참으로 갑갑하였다.

하루는 상노(몸종)가 놀다가 들어오더니 이웃 집에 명두가 점을 치는데 백발백중이라고 온동리 사람들이 법석거린다고 하기에 미신인줄을 알면서도 하도 갑갑해서 에라 한번가서 시험삼아 물어보자했다.

"여기 점하는 사람이 누구인가"

소위 명두라 하는 것이 공중에서 음성만 "여기 있습니다"고 하였다.

그래서, "대관절 내가 어디 사람으로 무슨 일로 여기와서 있을까?"

"예- 영감은 서울 사람으로 여기로 귀향을 왔소이다."

"그러면 언제나 풀려나 것는가"

"별 죄가 없으니 이제 한 보름만 있으면 됩니다."

윤웅열 대감은 해배문자가 온다기에 "꼭 틀림없을까?" 하고 다짐을 하였다.

"나는 거짓말은 하지 않습니다."

윤웅열 대감이 아들 치호가 궁금하여 물었다.

"내가 아들이 있는데 이렇게 와서 있으니 자식은 어느 곳에서 무엇을 하는지 좀 알려다오"

"예- 내가 가서보고 오겠습니다."

하며 휙- 소리가 나며 나가는 모양을 보이더니 한참 있다가 돌아와서

"영감 자제가 미국에 가서 공부하고 있습니다. 그런데 청국에서 유학 온 청국 여자와 혼약이 되어 내년 가을에는 상해에 나와 결혼식을 하겠고 얼마 안되어서 부자상봉하겠습니다."

"그것은 미래사라 당해보면 알것이나 나의 전생을 알겠는가?".

명두는 어디를 가보고 온다고 하더니 한참 있다가 와서

"영감이 전생에는 중노릇을 하였습니다."

"중 노릇을 하다니 어데서-"

"예- 함경도 안변 석왕사에서 했어요."

"그러면 그때 중의 이름을 알겠는가"

"예- 법호는 해파(海波)이고 승명은 여순(與淳)이라고 했습니다."

"그러면 중 노릇을 잘하였을까?"

"영감 형제가 다 중이 되어 영감은 수행을 잘하여서 그 다음에 중국에 가서 태어나 일품대신으로 이름이 천하에 드날렸고 두 번째는 조선에서 태어나 오복(五福)이 구족함으로 얼마 안가서 대감 소리를 듣겠소이다.

그러나 영감 형님은 중 노릇을 아주 잘못 하였습니다. 법전(法殿)을 증수하느니 개금불사(改金佛事)를 하느니 청탁하고 신도들의 많은 돈을 소모하여 사복을 채워왔던 죄로 지옥에 들어가 고초를 받다가 인도에서 수생(受生)은 하였으나 가난한 보를 받아 지금 강원도 통천군 새 술막이라는데서 술 장사를 하고 있습니다. 더욱이 두 손이 쪼막 손인데 성명은 이경운(李景云)이라고 합니다."

그래서 윤웅열은 그렇겠다고 생각하여 모든 것을 기록해 두었다. 그 2주일 만에 해배문자(解配文字)가 오고 그 이듬해 가을에는 아들이 결혼식 한다고 상해에서 전보가 오고 또 얼마 안되어서 부자상봉하고 다시 얼마 안되어 군부대신의 위에 올랐으니 명두의 말이 하나도 틀림이 없었다.

이 네 가지는 다 맞았으나 남은 석왕사 사건(事件) 두가지를 알아 보려고 애를 썼으나 알 도리가 없어서 가족과 수행원을 데리고 승지수양 한다는 핑개로 석왕사를 와서 산중 원로설하대사(元老雪河大飼)와 여러 승려들에게 물어 보아도 아는 사람이 없어 몹시 담담하였다.

그래서 뒷산에 올라가 사냥이나 한다고 산상으로 올라가 행적골 부근으로 노루를 몰아넣고 그 이튿날 수행원을 데리고 행적골로 올라가는데 내원암 입구에 가서 잠간 쉬다가 보니 마침 부도 밭이 있었다. .

윤웅열 대감이 부도에 덮인 풀을 헤치고보니 해파당여순(海波堂與淳)이란 글자가 뚜렷이 나타났다. 대감은 "얘- 치호야 너 아이들 데리고 이리 오너라. 이 부도에다 절을 하여라" 윤치호는 아버지 명이라 그저 절을 하고 보니 부도에 해파여순이란 문구가 쓰여있었다. 대감은 가족들에게 그만 절로 가자. 이것을 찾을라고 온 것이지 절에 사냥 온 것이 아니라고 하였다. 절로 내려와서 다시 대중을 모으고 완도에서 점친 전후 경과를 죽- 설명한 즉 모두 신기하게 생각하고 탄복하였다.

대감은 이제 강원도 통천으로 사람을 보내 볼 터이니 금택 여관주인 윤오(允旿)를 불러 사람을 구한 것이 유대방(劉大

方)이란 사람이었다.
 "너는 강원도 통천군 새 술막에 술장사하는 이경운이란 사람은 두 손다 쪼막손이라 찾기도 쉬울 터이니 빨리 가서 데리고 오너라"
 한즉 과연 사일만에 데리고 왔다. 수행원이 대감께 절을 하라 한즉 절은 그만 두고 그저 앉으라고 한 뒤에 전생담을 이야기하고 살기가 곤란한 듯하니 돈 백양과 백목 열필을 주었다. 돈은 두 내외 호구할 논이나 몇두락 사고 백목은 옷가지나 하여 입고 모든 것이 부처님의 은덕이니 과거사를 뉘우치고 이후부터는 염불이나 많이 하여 죄업을 소멸하라 하였다. 그리고 무거운 것을 가져갈 수 없을 터이니 통천군수에게로 환전표를 하여 주면서 가지고 가게하니 이 노인은 전생 동생이 금생 부모보다 났다고 하면서 눈물을 흘리고 돌아갔다.
 석왕사 대중을 불러놓고 내가 전생에 복을 닦은 사찰이니 엽전 2백냥으로 미성(微誠)을 표하는 것이다 하며 작으나마 부처님 향촉비에 보태어 달라고 한 후 그 다음날 서울로 돌아갔다.

누구나 자신의 전생이 무엇이었을까 하는 궁금증이 있다.
그러나 누구나 알 수 있는 것은 분명 아니다.
자기의 전전생들을 모두가 안다면 어떨까?
모두가 자신과 연관된 한 형제 임을 알 것이다.

단장(斷腸)의 아픔

 진(晉)나라의 환온(桓溫)이 촉(蜀)나라를 정벌하기 위해 군사를 이끌고 삼협(三峽)을 통과하던 중이었다.

 부하 중 한 사람이 원숭이 새끼를 붙잡아 배에 실었다. 새끼가 붙잡힌 것을 본 어미 원숭이가 뒤따라왔으나 물에는 뛰어들이 못하고 강가에서 슬피 울부짖었다. 배가 출발하자 어미 원숭이는 강가를 따라 필사적으로 100여 리나 되는 길을 달려 배를 쫓아왔다.

 마침내 배가 강기슭에 닿았다. 배가 멈추자마자 어미 원숭이가 재빠르게 배로 뛰어올랐으나 그대로 죽어 버렸다.

 이상하게 여긴 군사들이 어미 원숭이의 배를 갈라보니 창자가 마디마디 끊어져 있었다. 이 사실을 안 환온은 크게 노했다.

 "이놈들, 네 놈들도 낳아주신 어머니가 있을 텐데 이리도

무정할 수 있느냐?"
 환온은 원숭이 새끼를 붙잡은 부하를 매질하여 내쫓아 버렸다.

 흔히들 애간장(애肝腸)을 태운다. 녹인다는 말을 한다.
 이는 초조한 마음 안타까운 마음이 간과 장을 모두 태우고 녹이는 것을 의미한다.
 환장(換腸)이라는 말은 마음이나 행동 따위가 비정상상태로 달라지는 것을 말한다.
 단장(斷腸)이라는 말이 원숭이 어미의 창자가 마디마디 끊어진것에서 유래가 되었으나 어찌 원숭이 뿐이랴.
 한국 전쟁 때 서울 미아리 고개를 넘어오면서 부모와 자녀가, 그리고 형제 간에, 부부 간에 헤어졌던 아픔이 있었기에 대중가요 '단장의 미아리 고개'가 많은 사람의 사랑을 받은 것이 아닌가. 사람들에게 특히 부모들에게는 자녀로 인하여 한 두 번 쯤 단장의 아픔을 겪어보지 않은 사람이 있을까

뿌린대로 거둔다

 가난한 부부에게 아들이 태어났으나 너무 가난하여 아이를 키울 수가 없었다. 생각다 못한 그 부부는 밤중에 아이를 내다 버리기로 마음을 독하게 먹고, 누더기 옷이라도 두툼하게 입히고 동전이라도 몇 개 허리춤에 넣어서 사람들이 오가는 네거리에 버렸다. 마침 그 날이 그 고을의 축제일이라 어른·아이들을 막론하고 집에서 잔치를 베풀고 즐기느라 미처 그 아이를 보지 못했다.
 그런데 덕망이 높은 어떤 수행자가 이렇게 말하는 것이었다.
 "이렇게 티 없이 맑고 순박한 날에 아들을 얻으면 현명한 사람이 될 것이다."
 그 고을에는 자식이 없는 한 부유한 귀족이 살고 있었는데 자식이 없는 터라 몹시 쓸쓸하게 지내고 있었던 차였다.

때마침 수행자의 이런 말을 듣고 몰래 하인을 사방으로 풀어서 길가에 내다 버린 아이를 찾도록 했다.

하인들이 이곳 저곳 수소문한 끝에 어느 노파가 버려진 아이를 데려갔다는 소식을 전해 들었다. 그 귀족은 가난한 그 노파에게 많은 돈을 주고 아이를 데려와 기뻐하며 애지중지 정성을 다하여 수 개월을 키웠다. 그런데 귀족의 아내가 임신을 하게 되었다. 이렇게 되니까 그 귀족은 얻어 온 자식이 전과 같이 귀하게 생각들지 않고 오히려 귀찮은 생각까지 들었다.

'내 자식이 없으면 남의 자식도 내 자식처럼 기꺼이 키우겠는데, 하늘이 내게 아들을 점지해 주셨으니 이제는 다른 자식은 필요가 없다.'

이렇게 생각한 귀족은 어느 날 하인을 시켜 그 아이를 내다 버리도록 일렀다. 목장 인부가 아이를 데려가 길러보려고 하였지만 너무 가난하여 우유를 사먹일 수가 없었다. 이 사람은 할 수 없이 귀족의 집에서 산양의 젖을 훔쳐다 먹이기 시작했다. 그러나 얼마 못가서 귀족에게 들키고 말았다. 귀족은 인부를 꾸짖으며 "왜 그런 짓을 했는가?"고 물었다.

"주인어른, 하늘이 내게 이렇게 귀엽고 사랑스런 아들을 내려 주셔서 저는 젖을 훔쳐서 먹일 수밖에 없었습니다."

그때 마침 귀족은 자기 자식의 귀여움 때문에 그 아이를 버렸다는 죄책감으로 마음이 흔들리고 있던 터였다. 그리하여 결국 아이를 다시 자기 집으로 데리고 와서 키우게 되었다.

몇 해 후, 얻어온 자식은 지혜가 뛰어난 신동 소리를 들었지만 친자식은 얻어온 자식을 도저히 따를 수가 없었다. 그러자 귀족은 또 나쁜 마음을 먹기 시작했다.

이 아이가 크면 자기 자식이 분명히 해를 입을 것이라고 생각하게 되었다. 그는 마침내 아이를 죽일 생각을 하고 자기가 부리는 철공소 주인을 불러 이렇게 말하는 것이었다.

"옛날에 아이를 얻어다 키웠는데 아이가 들어오면서부터 집안에 병자가 끊이지 않고, 재산이 줄고 가축이 쓰러졌다. 점쟁이에게 물으니 모두가 그 아이 때문이라 하니 아이가 내 편지를 가지고 가거든 즉시 불 속에 던져 죽여 달라."

귀족은 자신이 말한 것과 같은 내용의 편지를 써서 아이에게 주고는 "너는 이 편지를 가지고 지금 철공소에 다녀 오

너라"고 했다. 그리고,

"나는 늙고 병들어 뒷날이 걱정이 되니 네가 철공소에서 만드는 돈을 잘 조사해라. 그것이 네게 줄 재산이니깐 말이다."

이렇게 말을 일러 보냈다.

아무 영문도 모르는 아이는 시키는대로 편지를 받아들고 집을 나섰다. 그때 집 앞에서 친구들과 돌차기를 하고 있던 진짜 귀족의 아들, 즉 동생이 그 아이를 불러 세웠다.

"형, 나는 지고 있어, 형이 내 대신해서 이겨줘."

"안돼, 나는 심부름을 가야해."

"내가 갔다오면 되잖아."

동생은 이렇게 말하면서 형의 손에서 편지를 빼앗아 가지고 달려갔다. 철공소 주인은 이 편지를 보고 동생을 불 속에 던져 버렸다. 한편 귀족은 마음이 불안하여 하인을 뒤쫓아 보냈다. 하인은 돌차기에 정신이 팔린 형을 데리고 왔다. 자초지종을 들은 귀족은 미칠 듯이 놀라 철공소로 갔으나 진짜 자기의 아들은 이미 한줌의 재가 되어 있었다. 하늘을 우러러 탄식을 하며 땅을 치고 통곡을 해도 소용없는 일이었다.

 그는 마침내 돌아오지 못할 친자식 생각으로 병이 들어 눕게 되었다. 더불어 악한 마음은 날이 갈수록 더해만 갔다.

 '후계자가 없어도 좋다. 저 미운 놈을 꼭 죽여야겠다.'

 어느 날 이미 청년이 된 얻어 온 자식에게,

 "우리 영지에 있는 대관이 추수를 속이고 있으니 네가 그곳에 가서 잘 조사해라. 그리고 이 편지는 대관에게 주어라."

 하면서 밀봉된 편지를 주었다. 편지에는 '이 청년이 가면 큰 돌을 허리메 매달아 깊은 연못에 던져라!' 고 씌어 있었다.

 흉계를 모르는 청년은 급히 말을 달려 영지로 향했다. 도중에 부친과 절친한 도사가 살고 있어 지나는 길에 들려 인사를 드렸다. 도사는 귀족 아들의 방문을 받고 친족과 친지를 불러 영접했다. 한 자리에 모인 사람들은 이 청년의 총명과 넘치는 기지와 유창한 말에 탄복했다. 그런데 이 도사에게는 만물의 길흉이나 천문의 화복에 통달한 딸이 있었다. 그녀는 이상한 예감이 들어 여행에 지쳐서 깊은 잠에 빠져 있는 청년의 허리춤을 뒤져 밀봉된 편지를 발견하고 몰래 뜯어서 읽어 보았다.

'아아, 이 얼마나 무자비한 부모인가? 이 훌륭한 청년을 죽이고자 하다니.'

이렇게 생각한 처녀는 그 편지를 찢어버리고 다음과 같이 새로운 편지를 썼다.

'나는 이제 늙고 병들었으니 내일을 알 수 없다. 도사는 나의 친구이다. 그의 딸이 매우 현명하다고 들었는데 제발 내 자식의 처로 맺어주고 영지의 주인이 되도록 하라.'

그녀는 편지를 밀봉하여 청년의 허리에 넣었다. 이튿날 대관의 영지에 무사히 도착한 청년은 밀봉된 편지를 대관에게 전했다. 대관은 대단히 기뻐하면서 많은 예물을 들고 도사를 찾아가 즉시 성대한 결혼식을 올려 주었다.

한편 이 소식을 들은 귀족은 병이 더 중해져서 얻어 온 아들과 며느리의 효행을 다한 간호에도 효험을 못보고 세상을 뜨고 말았다.

콩을 심은 밭에서 팥이 열리기를 기다리는 사람은 없다.

그러나 정작 자기가 심지도 않고 거두려 하며 심고 열매가 열리지 않으리라 생각하는 경우가 있다.

또한 좋은 것은 심지 않고도 거두려 혈안이 되고 좋지 못한 것은 심고도 거두지 않으려고 발버둥친다.

그러나 어쩌랴. 종자를 심고나면 활시위는 이미 내손을 떠나 버린 것을..

한 번도 사람이 죽지 않은 집

 죽은 자식을 안고 거리를 헤매는 여인이 있었다.
 "우리 아이를 살려 주십시오.
 우리 아이에게 약을 주십시오."
 실성하다시피한 여인은 이 마을 저 마을을 돌아다니며 만나는 사람마다 붙잡고 애원하였다.
 사람들은 그 가여운 여인을 위해 의논하였다.
 '저 여인을 구할 수 있는 이는 부처님뿐이시다.'
 마침내 여인은 부처님 앞으로 인도되었고, 부처님을 보자 여인은 다시 애원하였다.
 "부처님 제발 이 아이를 살려 주십시오.
 하나 밖에 없는 이 자식을 혼자 몸으로 금지옥엽 키웠는데 그만 죽고 말았습니다. 부디 우리 아이가 살아 날 약을 주십시오!"

"오, 가여운 여인이여.

너의 귀여운 아기를 살릴 수 있는 약을 줄테니, 마을에 내려가 오늘 해가 지기 전까지 겨자씨를 조금만 얻어오너라.

단, 한 번도 사람이 죽지 않은 집의 겨자씨라야 하느니라."

여인은 아들을 살릴 수 있게 해 준다는 말에 귀가 번쩍 뜨여서 단숨에 마을로 내려와 집집마다 찾아다녔다.

"이 집안에서 사람이 죽은 일이 있습니까?"

"있다마다겠습니까. 부모님이 다 돌아가시고 몇 년 전에는 전염병으로 귀여운 자식을 잃었습니다."

"그렇다면 이 겨자씨를 받을 수 없습니다."

여인은 다른 집의 문을 두드렸다.

"이 댁에서도 사람이 죽은 적이 있었습니까?"

"그렇습니다. 그 전에는 말할 것도 없고 작년에 형님 내외분이 괴질로 세상을 떠나셨습니다."

사람들은 모두 자신이 맞이했던 죽음을 이야기하면서 슬픔에 잠겼다.

여인은 종일토록 이 집에서 저 집으로, 이 마을에서 저 마을로 헤매었건만 어느 한 집 사람이 죽지 않은 집을 찾을 수가 없었다.

'아! 인간이란 이런 것이로구나. 태어나면 반드시 죽게 마련인 것을…

살아 있는 시간은 찰나에 불과할 뿐. 결국은 모두 저렇게 지고 마는 것을…'

서산에 지는 석양을 바라보는 여인은 가슴 깊은 곳에서 인간에 대한 커다란 사랑이 고여오는 것을 느낄 수 있었다.

여인은 안고 있던 아기를 양지바른 산기슭에 묻었다.

소태산 대종사의 제자 중 한 사람이 딸 아이를 잃고 식음을 전폐하며 울었다. 이를 본 소태산 대종사 말했다.

"그렇게 딸이 보고 싶으냐."

"보고 싶어 견딜 수 없습니다. 대종사님, 한 번이라도 보게 해 주십시오."

소태산 대종사 제자의 말을 듣고 말했다.

"죽은 딸을 보고 싶다고 어찌 볼수 있단 말이냐. 사람은 한번 죽으면 그 육신으로 다시 태어날 수 없고 그 육신은 곧 썩어 버린다. 인간의 생로병사란 우주 자연의 이치인데 네가 그것을 거역하려고 하느냐!"

소태산 대종사의 말을 듣고 나서는 어찌 된 일인지 죽은 딸을 보고 싶다는 마음이 사라졌다.

그는 그리하여 그때부터 생사 해탈 공부를 하게 되었다.

한번 오면 시일의 장단은 있을지언정 한번 가는 것은 우주 자연의 이치인 것을 어찌하랴.

〈부록〉
佛說 三世因果經(불설삼세인과경)

　한 때에 부처님께서 영취산에 계시며 영산회를 베풀고 계실 때였다.
　부처님의 설법을 가장 많이 듣고 가장 많이 기억하는 아난존자가 언제나 부처님을 따르고 시봉하는 천이백오십인을 이끌고 부처님전에 모이었다.
　아난존자는 부처님 발끝에 이마가 닿도록 공손하게 세 번 절하고 무릎을 꿇고 합장하며 여쭈었다.
　"으뜸의 진리를 갖추신 세존이시여! 청하여 묻사옵나이다.
　저희가 살고 있는 이 사바세계에 부처님께서 설하신 후 수많은 세월이 지난 오늘에 이르러서도 뭇 중생들이 착하지 못한 짓을 많이 하게 되었나이다.
　불법승 삼보를 공경하지 않고 부모에게 효도 할 줄 모르며 삼강은 없어지고 오륜은 지나치게 난잡하여져서 마음은 사악하고 육체는 추하고 더러워졌나이다.

또한 가난하고 천박하여 육신은 온전치 못하고 남을 해치고 살생하는 것을 아무렇지도 않게 생각하게 되었고 부자와 가난뱅이가 뒤섞여 고르지 않으니 어떠한 업보로 인한 결과이나이까?

바라옵건데 세존께서는 자비로서 저희들과 모든 중생들에게 올바른 가르침을 행할 수 있도록 자세히 말씀하여 주옵소서."

부처님께서 아난존자와 천이백오십명의 제자들에게 말씀하셨다.

"참으로 착하도다. 내가 마땅히 너희들을 위하여 자세히 설명하노니 너희들은 맑은 마음으로 잘 듣도록 하여라.

이 세상의 모든 사람들이 잘 살고 못살고 귀하고 천하며 끝없이 받아야 하는 고통과 끝없이 받을 수 있는 행복은 모두가 전생에 지은 인과로 이루어지는 것이니라.

인과란 어떻게 지어지는가?

먼저 부모에 효도하여야 하며 삼보를 받들어 믿으며 살생을 하지 않으며 공양을 드리고 보시를 열심히 하면 내생에 복을 받을 수 있는 공덕이 되나니라."

이어서 부처님께서 인과를 게송으로 설하셨다.

부귀공명과 같은 모든 운명은 전생에 자신이 닦은 공덕이니 만약 이러한 공덕을 쌓고 있는 사람이 있다면 그 사람은 세세생생에 그 복이 한량없으리라. 선남 선녀들아! 참으로 삼세 인과의 짧은 한 마디라도 옳지 않은 것이 없으니 삼세 인과경을 듣고 생각하며 지성껏 염송하여 부처님의 진실된 말씀을 듣는 까닭을 알도록 하여라.

금생에 귀한 벼슬자리에 있는 사람은 무슨 까닭인가?
전생에 불상을 금으로 단장한 공덕이니라.
전생에 닦아서 금생에 받는 것이니, 자주 빛 도포와 금관 옥대도 부처님 말씀 믿고 따르며 구한 것이니라.
황금으로 불상을 단장하는 것은 곧 자기 몸을 단장하는 것이요. 옷으로 부처님을 위하는 것은 곧 자기 몸을 덮어 보살피는 것이니라.

높은 벼슬자리가 쉽다고 말하지 말라.

전생에 닦지 않고 어디서 오겠는가.

말 타고 가마에 앉아 편안하게 다니는 사람은 무슨 까닭인가?

전생에 다리 놓고 길 닦은 공덕이니라.

능라 금수 비단옷을 입은 사람은 어떤 까닭인가?

전생에 스님들께 옷보시를 많이 한 공덕이니라.

먹고 입는 것이 풍족한 사람은 무슨 연고인가?

전생에 가난한 사람에게 차와 밥을 베풀어 준 공덕이니라.

먹고 입는 것이 넉넉치 못한 사람은 무슨 연고인가?

전생에 돈 한푼 남에게 베풀지 않은 탓이니라.

고대광실 높고 큰 집에 사는 사람은 무슨 까닭인가?

전생에 높은 산에 있는 암자나 절에 쌀 시주를 많이 한 공덕이니라.

복록이 풍족하게 갖춘 사람은 무슨 까닭인가?

전생에 절 짓고 정자 세운 공덕이니라.

미모가 뚜렷하여 단정하고 잘난 사람은 무슨 연고인가?

전생에 부처님께 맑고 신선한 꽃을 공양드린 공덕이니라.

총명하고 슬기 있는 사람은 무슨 연고인가?

전생에 재 지내고 염불 열심히 한 공덕이니라.

아름답고 잘난 여자를 아내로 얻는 사람은 무슨 까닭인가?

전생에 불문에 귀의하도록 많이 연결 지은 공덕이니라.

부부가 백년해로하는 사람은 무슨 까닭인가?

전생에 부처님께 당번^{주)}공양 드린 공덕이니라.

부모가 다 살아계시며 부모에게 사랑받고 함께 사는 사람은 무슨 연고인가?

전생에 혼자된 사람을 잘 돌봐 주고 공양한 공덕이니라.

부모가 없는 사람은 어떤 까닭인가?

전생에 많은 새를 때려잡은 과보이니라.

아들 손자 자손이 많은 사람은 어떤 까닭인가?

전생에 갇힌 새를 날려 보낸 공덕이니라.

자식이 없거나 잘못 기르게 된 사람은 어떤 연고인가?

전생에 여자 몸에 빠져 산 과보이니라.

금생에 자식이 없는 사람은 무슨 연고인가?

전생에 꽃을 함부로 꺾은 탓이니라.

금생에 수명 장수하는 사람은 어떤 까닭인가?

전생에 산 목숨을 많이 사서 방생한 공덕이니라.

금생에 오래 살지 못하는 사람은 무슨 까닭인가?

전생에 산 목숨을 많이 죽인 탓이니라.

홀아비 신세로 외롭게 사는 사람은 무슨 까닭인가?

전생에 남의 아내와 간음한 과보이니라.

과부가 되어 외롭게 사는 사람은 무슨 까닭인가?

전생에 남편을 우습게 알고 천대하던 과보이니라.

금생에 종 노릇하는 사람은 어떤 연고인가?

전생에 은혜를 갚지 않고 의리를 지키지 않은 탓이니라.

금생에 눈 밝은 사람은 어떤 연고인가?

전생에 기름 시주 많이 하고 부처님께 등불 밝힌 공덕이니라.

금생에 한쪽 눈을 못 뜨고 보지 못하는 사람은 무슨 까닭인가?

전생에 올바른 길을 똑바로 가르쳐 주지 않은 탓이니라.

금생에 입병 잘 앓는 사람은 무슨 까닭인가?

전생에 부처님 앞에 있는 등불을 입으로 불어서 꺼버린 과보이니라.

　귀머거리나 벙어리로 태어나는 사람은 무슨 연고인가?

　전생에 부모에게 욕하고 몹시한 과보이니라.

　곱추로 태어나는 사람은 무슨 까닭인가?

　전생에 예불하는 사람을 보고 비웃은 과보이니라.

　팔이 비틀어진 사람은 무슨 까닭인가?

　전생에 그 손으로 나쁜짓 한 탓이니라.

　다리가 비틀어져 절름발이가 된 사람은 무슨 까닭인가?

　전생에 길가는 사람을 막아 놓고 때린 탓이니라.

　금생에 소나 말이 되는 것은 무슨 연고인가?

　전생에 남의 빚을 갚지 않은 사람이니라.

　금생에 돼지나 개가 되는 것은 무슨 연고인가?

　전생에 남을 속이고 해친 사람이니라.

　병이 많아 늘 고통을 받는 사람은 무슨 연고인가?

　전생에 부처님 도량에서 술 마시고 고기 먹은 과보이니라.

　병이 없고 항상 건강한 사람은 무슨 연고인가?

　전생에 병든 사람을 보살피고 약을 준 공덕이니라.

　금생에 감옥살이를 하는 사람은 무슨 까닭인가?

전생에 남의 사정 보지 않고 서슴없이 악한 짓한 과보이니라.

금생에 굶어 죽는 사람은 무슨 까닭인가?

전생에 쥐구멍 뱀구멍을 막은 과보이니라.

독약 먹고 죽는 사람은 무슨 연고인가?

전생에 냇물 막고 독약을 뿌려 고기를 잡은 과보이니라.

고독한 신세가 되어 구걸하러 다니는 사람은 어떤 연고인가?

전생에 악한 마음을 품고 따지기를 좋아한 탓이니라.

금생에 난장이로 태어나는 사람은 어떤 과보인가?

전생에 불경을 땅바닥에 놓고 본 탓이니라.

금생에 계속하여 목구멍에 피올리는 사람은 무슨 까닭인가?

전생에 고기 먹고 염불하고 독경한 과보이니라.

금생에 귀머거리는 어떤 까닭인가?

전생에 경 읽는 소리를 듣기 싫어한 과보이니라.

금생에 창병, 간질병, 미친병은 어떤 까닭인가?

전생에 불도량에서 고기 구운 과보이니라.

몸에서 냄새나는 사람은 무슨 연고인가?

전생에 가짜 향을 판 탓이니라.

금생에 비참한 죽음을 당하는 사람은 무슨 연고인가?

전생에 여자를 숲에 끌고 가서 욕보인 과보이니라.

늙어서 혼자되어 외롭고 슬픈 사람은 무슨 연고인가?

전생에 다정한 사람들을 보고 항상 질투하던 과보이니라.

벼락맞아 불타 죽는 사람은 어떤 까닭인가?

전생에 되질, 말질을 속이고 저울눈을 속인 과보이니라.

호랑이나 독사에게 물리는 사람은 어떤 까닭인가?

전생에 원수 짓고 마주치면 해를 입힌 탓이니라.

수없는 죄와 복을 제가 짓고 제가 받으니 지옥에 떨어진들 누구를 원망하랴. 미래에 있을 자손이 바로 이 몸이니 인과응보 없다는 말 함부로 하지 말라.

재 많이 지내고 닦은 공덕이 미덥지 않으면 가까이에 복받는 사람을 볼 것이요, 전생에 지은 공덕 금생에 받고 금생에 지은 공덕 후세에 받을지니라. 만약에 어느 누구라도 이 경을 비방한다면 후세에 사람 몸을 받을 수 없는 곳에 태어나고, 이 경을 받아 지니고 다니면 시방법계 불보살이 증명

할 것이며, 이 경을 출판하면 대대로 집안이 학문이 높아 명문대가가 될 것이니라.

어떤 사람이라도 인과경을 받들어 지니면 흉한 재화나 액난에서 벗어날 수 있으며, 이 경을 강론하는 사람은 세세생생에 지혜와 총명함을 얻을 것이고, 어느 누구라도 인과경을 독송한다면 후세에 태어나 모든 사람들에게 존경을 받을 것이니라.

이 경을 널리 여러 사람들에게 권장하고 펼친다면 후세에 제왕의 몸을 얻을 수 있나니라.

만약 전생의 인과경을 묻는다면 가섭이 보시한 공덕으로 금빛 몸을 얻은 것을 말할 수 있고, 만약 후세의 인과경을 묻는다면 선성이 법을 비방하다가 사람 몸을 잃은 것을 말할 수 있으리라.

만약 인과에 감응이 없다면 목련은 어머니를 어떻게 구해 낼 수 있었겠는가?

어떤 사람이 인과경을 깊이 믿으면 서방의 극락세계에 태어날 것이니라.

삼세의 인과설은 다함이 없고 용과 하늘은 착한 마음 가진

이를 저버리지 않으며 삼보문 중에 복덕 닦기를 즐겨한다면 한 푼 희사로도 만금을 되돌려 받을 수 있나니라.

너희들에게 견우고[주2]를 주노니 세세생생에 복락이 끝이 없으리라.

만약 전생 일을 묻는다면 금생에 받고 있는 것이 바로 그것이요. 만약 후세의 일을 묻는다면 금생에 짓고 있는 것이 바로 그것이니라.

주1) 당번(幢)-높은 기둥에 여러 가지 아름다운 실과 천으로 장엄하여 늘어뜨리고 실과 여의주로 장식된 법(法)을 표시한 깃발.

주2) 견우고(堅牢庫)-재물과 값진 보배가 가득하고 병들지 않고 오래 살 수 있으며 나쁜 마음까지 없어지는 약이 있다는 창고.